良寛 ゆかりの地

日本海を背に良寛の生家「橘屋跡地」に建つ良寛堂。堂内には良寛持仏の石地蔵をはめ込んだ多宝塔があり、そこには良寛自筆の以下の歌が刻まれている。

いにしへにかはらぬものはありそみと
むかひにみゆるさどのしまなり

良寛堂

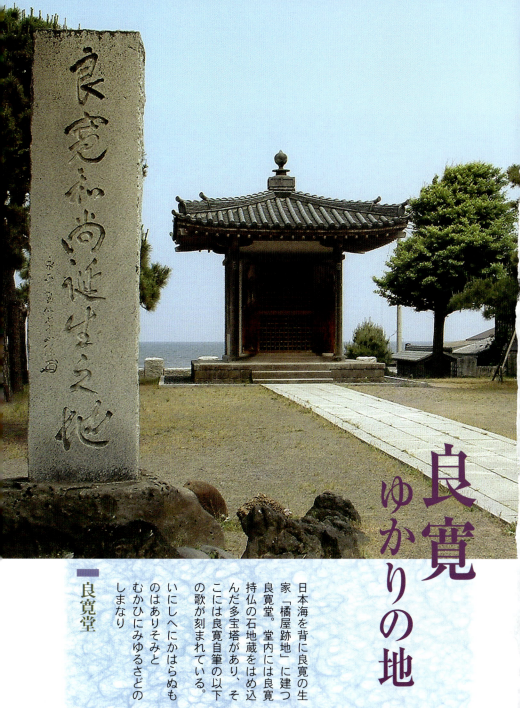

語らいの像

良寛記念館の横にある、「良寛と夕日の丘公園」に建つ「語らいの像」

小川芋銭画「月の兎」（良寛記念館蔵）

郷倉千靭画「筍を慈しむ」（良寛記念館蔵）

円明院《えんみょういん》

立札にあるように、良寛生家の菩提寺。その縁もあって、良寛の弟宥澄（ゆうちょう）が円明院第十世住職をつとめていた。

良寛の生家の菩提寺
真言宗豊山派岸山円明院は
山本家の菩提寺である。
良寛の生家は代々にわたり
名主役をつとめ橘屋と号し姓
を山本といった。良寛の母
秀子は佐渡相川の人で、長男
の良寛が26才で岡山県玉島の
円通寺で修行中、四男三女の
七人の子供と夫以南を残して
49才で病没し、ここに永眠
した。後に良寛の弟宥澄が
住職をつとめた寺でもある。
出雲崎町

良寛歌碑
出雲崎の名主橘屋、山本以南
の三男で良寛の弟宥澄（一七七〇ー
一八〇〇）は円明院が橘屋の菩提
寺である縁により僧となり大和
国長谷寺で仏学を修め碩学とい
われ、後に円明院第十世を継ぎ
法燈を守っていたが寛政十二年
正月五日亡くなった。
時に良寛四十三歳。良寛は宥澄
の早世を悲しんで歌を詠んだ。
はらからの阿闍梨の身まか
りし頃に夢に来て法門のこ
となど語りて覚めて
おもかげの夢に見ゆる
かとすればさながら人
の世にこそありけれ
（歌の意味）
亡くなった弟の面影が夢の中
に現れて仏法のことなど語り
合ったかと思うと夢が覚めて
しまった。そのはかなさはそ
のまま、この世に生きている
人のありさまであることよ。
出雲崎町

境内の良寛歌碑

早世の弟宥澄の夢を見て歌を詠んだ。

おもかげの夢に見ゆる
かとすればさながら
人の世にこそありけれ

光照寺

越後三十三観音霊場の第十九番札所で、右の大きな石碑には「良寛禅師剃髪之寺」と刻まれている。世間知らずの昼行燈と噂された良寛が、意を決して十八歳で仏門に入った。玉島の円通寺への修行までの四年間、ここ光照寺で禅の修行をした。

石井神社《いわいじんじゃ》

出雲崎の名主だった橘屋山本家の総鎮守。海上安全祈願として現在も行われている出雲崎（石井神社）大祭は、良寛の生家が始めたという。父以南も石井神社の神官だった。

地蔵堂の街並み

十代の頃の栄蔵（良寛）が、この界隈を歩いていたであろう街並み。写真右が中村家。

中村家

良寛が十三歳のころに学んだといわれる子陽塾に通うために、この「中村家」の二階に寄宿していた。

少年良寛像（栄蔵）

「道の駅越後出雲崎天領の里」のかたわらに建っている。

出雲崎の街並み

三角形の屋根の壁面を出入口に設けた「妻入り」の街並みは往時の北国街道の宿場町を偲ばせる。ここは松尾芭蕉も歩いた町である。この港町で一夜を過ごした芭蕉は「荒海や　佐渡によこたふ　天河」の句を詠んでいる。

庭園と管理棟

入口の木戸門

良寛記念館

良寛記念館は、近代建設の巨匠 谷口吉郎博士の設計によるもので、昭和四十年五月に開館された。和を意識した切り妻作りの展示棟と管理棟を結ぶ回廊とが国登録有形文化財に認定されている。

倉敷市玉島の円通寺

良寛は円通寺住職国仙和尚に弟子入りして、二十二歳から三十三歳まで仏道の修行に励んだ。境内の入り口に若い良寛像が建っている。

遍澄画　蔵雲賛「良寛和尚図」（良寛記念館蔵）

はじめに

私が良寛に関心を抱いたのは五十歳の時に、故北川省一氏の「良寛さばなしなら面白い」を読んでからです。

当時の私は産業機械の設計業務に従事していましたが、エンジニアと雖も企業利益を求める一員としての毎日が続いていましたので、私とは全く違った悠々自適に似た良寛の生き様に触れて、「おや!」と思いました。

北川氏は、かなり人間臭く、しかも何故か人の心を暖めてくれるような良寛像を描いておられ、読み進むにつれて、良寛は単に悠々自適に過ごしたのではなく、深い理念に基づいて生きていたことが読み取れました。

以降、その深い理念が知りたくて、良寛の名前の付いた本を探しては、読み漁るようになりました。

技術畑に生きる私は、和歌、漢詩、書、仏教等々、良寛が関わった分野には全くの門外漢で、当初は五里霧中でした。けれども良寛の魅力が私を引き付けたのでしょう。辛抱して探求を続けている内に、各々の分野で使われている言葉の意味等が、少しずつ乍も分かったように思えて来ました。

更に探求を続けていますと、良寛が関わった分野は非常に広く、しかも、その各々の分野で良寛が捉えた内容は奥が深いことも知らされました。

そして、良寛の生き方に惹かれて以降、二十八年になりましたが、その間に良寛の書き残した作品を読み漁り、それを自分の解釈に置き換えた著述をして来て、その数

は三十点を超えました。（２３４頁「良寛関連の著述目録」参照）
良寛の作品の分野は非常に広範ですが、この度その中から、良寛の本質を他の良寛を敬慕される方々にお伝えすべく、先ずは概要を述べた小品二点と続いて、仏法、漢詩及び和歌の作品から各一点を選んで「良寛の実像」とした一冊に纏めました。
既に多くの方々が良寛に関わる著述をされており、その捉え方は様々です。そうした中で、私の捉えた良寛像も一つの視点として良寛を敬慕される方々にお伝え出来、少しでもお役に立ちましたら幸甚に思います。

本間　勲

平成三十年十二月二十五日

目次○良寛の実像

※表紙・口絵写真撮影：本間 勲

良寛の実像

私の「良寛」著述からの珠玉集

良寛詩「憶在圓通時」

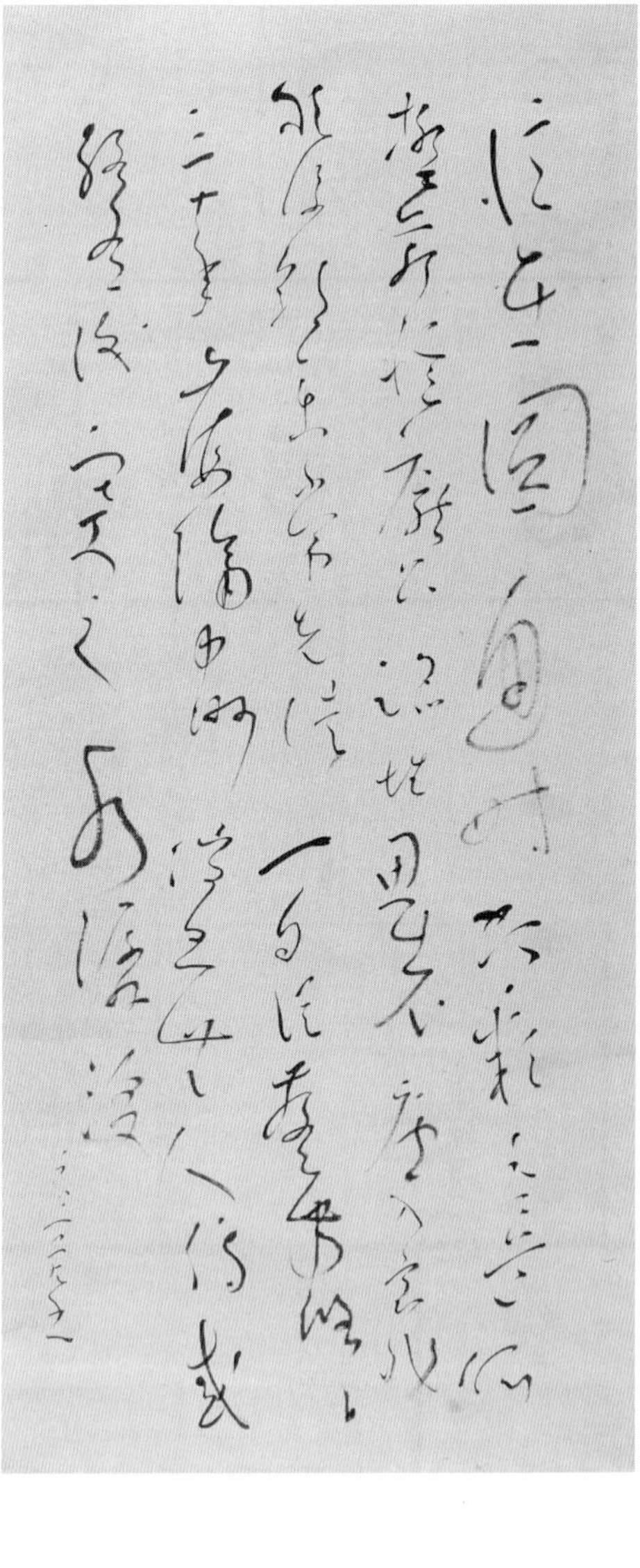

（良寛記念館蔵）

憶在圓通時　恒歎吾道孤
搬薪憶龐公　踏碓思老盧
入室非敢後　朝参常先徒
一自従散席　悠々三十年
山海隔中州　消息無人伝
感恩（脱）終有涙　寄之水潺湲

憶《おも》う円通に在りし時　恒《つね》に吾が道の孤なるを歎《たん》ぜしを
薪《たきぎ》を搬《はこ》んで龐公《ほうこう》を憶い　碓《うす》を踏んで老盧《ろうろ》を思う
入室《にっしつ》は敢えて後《おく》るるに非ず　朝参《ちょうさん》も常に徒《と》に先んず
一たび席を散じて自従《よ》り　悠々三十年
山海中州を隔《へだ》て　消息人の伝うる無し
恩に感じて終《つい》に涙有り　之《これ》に寄す水の潺湲《せんかん》たるを

良寛の風光

良寛が玉島《たましま》の円通寺《えんつうじ》から帰郷の途次《とじ》に書き留めたと思われる紀行文は、断片ですが、相馬御風記念館に三点と良寛の里美術館に一点が所蔵されています。その内の「高野道中《こうやどうちゅう》」と題を付けられている遺墨に「一瓶と一鉢《いちびょういっぱつ》と遠《とお》きを辞《じ》せず　裙子褊衫《くんすへんさん》破《やぶ》れて春《はる》の如《ごと》し　又知《またし》る嚢中一物《のうちゅういちもつ》無《な》きを　総《す》べて風光《ふうこう》の為《ため》に此《こ》の身《み》を誤《あやま》る」の漢詩が詠《よ》まれています。十数年に亘《わた》る仏道《ぶつどう》の修行と勉学を通し、仏法《ぶっぽう》の奥義《おうぎ》を極《きわ》めて帰郷したと思われる良寛が「総《す》べて風光《ふうこう》の為《ため》に此《こ》の身《み》を誤《あやま》る」と言うのは、何を意味しているのでしょうか。

良寛が仏道に身を投じた動機は色々と言われていますが、良寛は幼い頃から釈迦《しゃか》の説かれた教えに強い関心を抱き、その真意を知りたいと願った事によると思われます。そして、円通寺時代に既《すで》に構想を固めていて、帰郷の後に書き遺《のこ》したと思える「法華讃《ほっけさん》」から、良寛が捉《とら》えた仏法の奥義を窺《うかが》い知る事が出来ます。その中の「普賢菩薩勧発品《ふげんぼさつかんぼつほん》」の著語《じゃくご》に「明年更《みょうねんさら》に新条《しんじょう》在《あ》る有り　春風《しゅんぷう》に悩乱《のうらん》して卒《そつ》に未《いま》だ休まず」と有ります。即《すなわ》ち「年が明ければ、更に又、新芽を吹いた枝の生き生きとした風情《ふぜい》に目を奪われ、春風の心地好《ここちよ》さには気持ちが取り乱されて沈める事が出来ない」と言います。

冒頭に挙《あ》げた漢詩の「風光」は、この著語《じゃくご》に言う「新条」と「春風」を通して感じる、所謂《いわゆる》、仏法で説く物事の在り方の素晴らしさを指《さ》していると思います。良寛は仏法の会得《えとく》を目指して仏門に入りましたが、修業と勉学の結果、仏法とは、世界を取り巻く物事の在り方を、人智《じんち》の計《はか》らいを捨てて在るがまゝに見て取る事と捉えたと思います。その想いで周《まわ》りの物事を観《み》ますと、全ての物事には各々の在り方に則《そく》した働《はたら》きを備えている事に気付きます。一方《いっぽう》、世間《せけん》の在り方については、人の損得に基づいた勝手な計《はか》らいによって営まれている事にも気付きます。人の世界で取沙汰《とりざた》されている地位《ちい》や名誉《めいよ》、貧富《ひんぷ》等々、全ての差別意識《さべついしき》は、人が作ったものです。人も世界を取り巻く物事の一員ですから、人各々に備わった働きを生かし、物事の本来の在り方に則《そく》して生きようと思いますと、これ等の差別意識には捉《とら》われる必要が無い事になります。

そこで、冒頭の漢詩の意味は、「何処《どこ》へ行くにも水を入れる一つの瓶《びん》と乞食《こつじき》の為の一つの鉢《はち》とが有れば、生きて行くには十分で、着ている僧衣《そうい》は破れて春の霞のように掠《かす》れていても気にしない。又、背負《せお》った嚢《ふくろ》の中には人の計らいによる値打《ねうち》の有る物は何も入っていない事も知っている。これは総《すべ》て物事の在り方の真実を知ったが為に、自分の生き方を世間の人達とは違えてしまったからである」と解釈《かいしゃく》して良いと思います。即ち、良寛は円通寺から越後に還《かえ》る時には、今後は自身の捉えた仏法に適った生き方を通そうと決めていたと思います。良寛は「この身を誤《あやま》る」と言っていますが、これは、世間の人達には自分の選んだ生き方の意味は理解してもらえない事を承知した表現であると思います。このように理解した上で、良寛の帰郷後の暮し振りを窺《うかが》い、良寛の詠んだ漢詩や和歌を鑑賞しますと、良寛の想いに成程《なるほど》と納得《なっとく》が出来て、良寛への敬慕《けいぼ》と親しみの想いが深まります。以降に良寛がこのような生涯を選ぶに到った経緯《けいい》を振り返ります。

先ずは、良寛の出家の動機についてですが、これには多くの逸話《いつわ》があり、又、幾人かによって諸説が発表されていますが、真実を確定する事は難しいです。そこで、良寛が出家当初に抱いていた気概《きがい》を、良寛の漢詩と和歌の中に語っている語句から探ってみました。

「未《いま》だ厭《いと》わず 冬夜の長きを」と、良寛 自《みずか》らが懐古《かいこ》しています読書好きの少年栄蔵《えいぞう》（良寛の幼名）は、十三歳頃から旧分水町に在った大森子陽《しよう》の狭川塾《せまがわじゅく》で論語《ろんご》を初めとする儒学《じゅがく》を学びます。そして、十六才頃には父に呼び戻され、名主見習として町の 政《まつりごと》を手伝ったようです。しかし、有名な漢詩の「生涯 身を立つるに懶《ものう》く」や、「少小 文を学んで儒《じゅ》となるに懶《ものう》く」と詠まれているように、良寛は若い栄蔵の時代から、偉い役人や学者に成ろうという望みは全く抱いていなかったでしょう。ですから、十八歳の時に名主《なぬし》の職を投げ出して光照寺に駆け込み、仏門に入ったと思われます。即ち、「少小より筆硯《ひっけん》を抛《なげう》つ」に至ったのです。それでは、この読書好きの少年が、どうして筆硯を抛って「竊《ひそ》かに竺土《じくど》の仙《せん》（インドの偉いお坊様）を慕い」又、「少年にして 禅に参じた」のでしょうか。和歌に「題しらず」とされて出家の歌と言われている長歌《ちょうか》があります。この歌は二十二歳で、国仙《こくせん》和尚《おしょう》に随《したが》って玉島《たましま》の円通寺《えんつうじ》に向かう時の状況を謳《うた》ったものです。その冒頭に「うつせみは 常なきものと むら肝《きも》

の 心にもいて 家をいで」とありますが、この無常観《むじょうかん》を味わった契機《けいき》は何であったのでしょうか。ここの所が分かりません。しかし、身を立つるに懶《ものう》かった良寛も、一度《ひとたび》仏門に下《くだ》ってからの気概《きがい》は実に逞《たくま》しいものでした。「題しらず」では、父の言葉「世《よ》を捨てし 捨てがい無しと 世の人に 言わるなゆめ」と、母の言葉「むつまじき みこころ」とを常に心に抱いて「つかのまも のりの教《おし》えを くたさじと 朝な夕なにいましめつ これのふたつを父母の かたみとなさむ わがいのちこの世のなかにあらむかぎりは」と結んで強い誓《ちか》いの意を述べています。そして、円通寺での修行の様《さま》といえば「柴《しば》を運んでは龐公《ほうこう》を懐《おも》い、碓《うす》を踏《ふ》んでは老盧《ろうろ》を思う。入室《にっしつ》敢《あえ》て後《おく》る丶に非《あ》らず、朝参《ちょうさん》常に徒《と》に先《さき》んず。」という励みようでした。

真《まこと》このように円通寺では厳しく修行に励み、又、多くの経典類を学びました。ところで、良寛には、当時の仏教界《ぶっきょうかい》は真の仏法の在り方とは程遠い状況に思われました。そこで、国仙和尚と共に行脚《あんぎゃ》の途《と》に出て、仏道に生きる事の意義を正し、修行の完成を目指しました。この時の気概《きがい》を、漢詩では「希《ねが》う所は弘通《ぐつう》に在り 唯一身の為のみにあらず」と言い、又、「衝天《しょうてん》の志気《しき》 敢《あえ》て自《みずか》ら持《じ》し」、「一言《ひとこと》若し契《かな》わずんば此の生誓《せい》って休《きゅう》せず」とまで言い切っています。そうして、途中で国仙和尚とも分かれて「一瓶《びょう》と一鉢《ぱつ》と」を携《たずさ》え、「錫《しゃく》を飛ばして千里に游《あそ》び 頗《すこぶ》る古老《ころう》の門を叩《たた》く」という行脚の日々が幾年と続き、ついに「路《みち》に 有識《うしき》の人に逢う、 苦《ねんごろ》に 旧時の縁を説く。却《しりぞ》いて衣内の宝《たから》を見れば、今に 現《げん》に前に在り。」と謳《うた》われているように、その時、自分にも衣内の宝が備わっている事に気が付いたのです。

強い気概《きがい》を持って厳しい修行を重ねた結果、仏法の極意とは、三千大千世界《さんぜんだいせんせかい》を取り巻いている物事の在り方、即ち、諸法《しょほう》というものは、人智《じんち》の計《はか》らいを捨て切って「元来祗《がんらいた》だ是《かく》の如《ごと》し」又は「ただ、これ、これ」と、在りのま丶に見て取る事と捉《とら》えたと思います。そして、自分を含めた、人各々には衣内の宝に譬《たと》えられた自己本来《じこほんらい》の面目《めんもく》が備わっている事に気付き、仏道に生きるとは、この衣内の宝を活《い》かした生《せい》を全《まっと》うする事であると捉えたのです。この真《まこと》の仏法を国仙和尚に語り、和尚からは悟りの証明書である印可《いんか》の偈《げ》を授《さず》かりました。

ここで、次の二つの詩を読んでみましょう。

1　阿部氏宅即事
少年捨父奔他国
辛苦描虎猫不成
人有若問箇中意
只是従来栄蔵生

阿部氏宅即事《そくじ》
少年父を捨てて他国に奔《はし》り
辛苦《しんく》虎を描《えが》けども猫にだに成らず。
人有り若し箇《こ》中の意を問はば
ただ是《こ》れ従来の栄蔵生。

2　四十年前行脚日
辛苦画虎猫不似
如今嶮崖撒手看
只是旧時栄蔵子

四十年前行脚《あんぎゃ》の日
辛苦《しんく》虎を画《えが》けども猫にだに似ず。
如今嶮崖《にょこんけんがけ》に手を撒《はな》ちて看るに
ただ是《こ》れ旧時の栄蔵子。

この詩の中で難しい句は「如今嶮崖《にょこんけんがけ》に手を撒《はな》ちて看る」のみです。意味は「今、ここに、執着《しゅうちゃく》の心を捨てて物事を看ると」という事です。そして、大切な事は、二句目と四句目の「辛苦《しんく》虎を画《えが》けども猫にだに似ず」と「ただ是《こ》れ旧時の栄蔵子」とです。

1の詩題「阿部氏宅」とは、当時の渡部《わたべ》の庄屋であった阿部定珍《さだよし》の邸宅の事です。そして、定珍は良寛とは二十二歳年下《としした》で、良寛が五合庵から乙子《おとこ》神社側の庵で過した時代を通じて親交がありました。又、「即事」とは即座《そくざ》の事柄《ことがら》という意味です。従って、この一連の詩は良寛が六十代中頃の時に詠まれた事になります。そして「四十年前」という句から、辛苦《しんく》して虎を画《えが》こうとした時期とは、良寛が父を捨てて他国に走った時、即ち、二十二歳で国仙《こくせん》和尚に随行《ずいこう》して玉島《たましま》の円通寺《えんつうじ》に移った後の修行時代を指す事になります。そこで「辛苦虎を画《えが》こうとした」

とは「世を捨てた甲斐《かい》が無かった」と世の人に言われないような、偉い坊さんに成る事を目指して仏道の修行に励んだ事を意味しています。

しかし、修行の結果、仏法《ぶっぽう》の極意《ごくい》を前述のように捉えた良寛は、一介《いっかい》の寺の住職にも成らずに生まれ故郷に戻り、その後は、一所不住《いっしょふじゅう》の生き方を選択しました。この事を「猫にも似ない虎に成った」と言うのです。そして最後の句で、この猫にも似ない虎こそが「只《ただ》是《こ》れ旧時の栄蔵子」であると結んでいます。

永い年月に亘《わた》って修行を重ね、仏法の極意というものが分かってみれば、今の良寛も、その本質は昔の栄蔵の本質と少しも変わっていないと言うのです。即ち、良寛は元々《もともと》、世の中で人頭《じんとう》に立って振舞《ふるま》うという素質《そしつ》は持ち合わせていませんが、非常に聡明《そうめい》で、人に対しては優しく、日々の生活には厳しい態度で臨《のぞ》む等の特性が備わっているのです。この自身の持つ元来の本質を余《あま》す事無く発揮《はっき》した生き方こそが、人生を全《まっと》うする事であるとして、良寛は帰郷後の生活を選択《せんたく》したのです。

以上、良寛が悟りを得るに至った経緯の断片と、衣内の宝《たから》に譬《たと》えられる自己本来の面目を活かした生を全うする事が仏法の極意であるという、良寛の捉えた悟りの内容について述べました。このように捉えた良寛の仏法を国仙和尚は良寛に授けた印可の偈で「良や愚の如く道《みち》転《うた》た寛《ひろ》し　騰々《とうとう》として運に任す誰か看るを得ん」と述べています。そして「為に附す山形爛藤《さんぎょうらんとう》の杖　到る処壁間午睡《へきかんごすい》に閑《かん》たり」と続けて、良寛の選んだ帰郷後の生き方に賛同しています。

そこで、以降に、良寛が寺の住職にも成らないで草庵《そうあん》の生活に入った意味を考えて行きます。それは、自己《じこ》本来《ほんらい》の面目《めんもく》を保ちながら、自分の捉えた仏法の極意を他の人達にも伝えて、多くの人に、仏法に叶《かな》った有意義な人生を送ってもらおうとする、所謂《いわゆる》、衆生済度《しゅじょうさいど》を願った生《い》き様《よう》であると思います。先に引用しました「希《ねが》う所は弘通《ぐつう》に在り」という修行時代の気概は、国仙和尚より授かった、烏藤《うとう》の杖《つえ》を携えての托鉢行《たくはつぎょう》による入鄽《にってん》垂手《すいしゅ》の菩薩道《ぼさつどう》という形で実践されました。この菩薩道の実践とは、何の計らいも無く、純真な栄蔵の素質のま、で、悟り臭さは全く感じさせずに、衆生、即ち、村の人達や子供達と交わる暮しによるものです。そして、諸法《しょほう》実相《じっそう》の世界、即ち、存在する全ての物を、人の計らいによる意識を捨てて、在《あ》るがまゝの姿で捉え、等しく、慈悲の心を持って見守り、接《せっ》し続けたのです。

しかし、托鉢による乞食《こつじき》を生業《なりわい》とした粗末な草庵での生活は非常に厳しいものでしたが、良寛にはそれを乗り越えるだけの強い精神力が備わっていました。その草庵での生活を通して、彼が捉えた物事の真《まこと》の在り方を周りの人達に伝える手立てとして、難しい言葉で説法するのではなく、自身に備わる素養《そよう》を生かして漢詩や和歌を詠み、それ等を書き遺《のこ》す道を選んだと思います。良寛の漢詩、和歌、更には書等の世界においては、それ等を生業《なりわい》とはしませんので、時流に捉われずに、それぞれの道の在るべき姿を古《いにしえ》に遡《さかのぼ》って追求し、それぞれの極地に到達されました。それは良寛調とも言われる独自の心温まる世界を築いたもので、それらの作品に触れる人達は、皆、心が洗われて、良寛への敬慕の念を深めて行ったのです。

良寛の没後百八十年を過ぎた今日《こんにち》でも、私達は良寛の作品に接すると心が晴れやかに成ります。その根底には、良寛の厳しい仏道修行と、その後の良寛の優しい心で実践された菩薩行とが脈打っている事を確《しっか》りと認識しなければならないと思います。只、作品の善し悪しではなく、その作品が生まれた背景と作品に込めた良寛の想いを知る事が大切です。それによって、物に溢《あふ》れた現代の世の中に生きる私達は、自然環境を含めた物事の本当の在り方を見直し、その中に暮らす自身の生き方をも問い直すヒントを掴《つか》む事が出来るのではないでしょうか。何よりも良寛に見倣《みなら》いたい事は、慈愛の心を持って人と自然に接し、心の満たされた人生を楽しむ事であると思います。

良寛の芸術

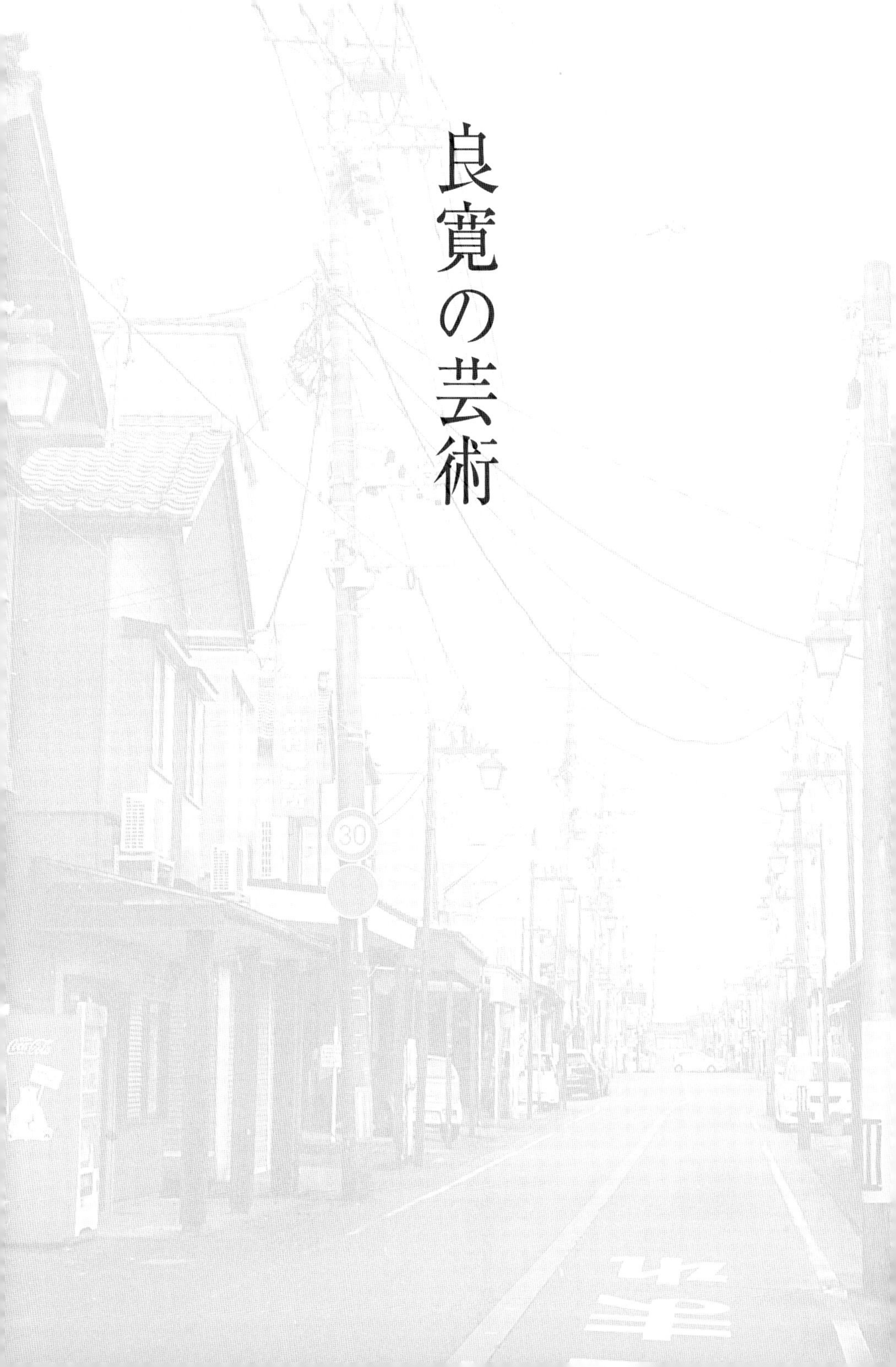

岡山県倉敷市玉島の曹洞宗円通寺での仏道修行を通して仏法の奥義を極めた良寛は、真の仏道に適った生き方の実践を目指して帰郷したと思われ、帰郷後は、生涯に亘って寺の住職を勤める事無く空庵等を転々として托鉢行による無一物ながら清貧の生き方を通します。そうした中で、漢詩や和歌を詠み、それを書いた作品を外護者等の所に沢山残しています。この事からは、良寛は芸術の道に生きたようにも思われますが、果たして、良寛の真意は何でしょうか。それを探るべく、以降に、良寛の芸術に関わる生涯を辿ってみます。

良寛は幼い時から光照寺の寺子屋で読み書きの手習いを始め、家では多くの蔵書を読み、父の影響も有って俳句や和歌にも馴染んだようです。十三歳頃からは大森子陽の漢学塾で論語等の儒学や漢詩を学んでいます。そして、仏道の修業中には多くの仏典や禅の語録に精通しました。それ等を通して培われた学識を以て、帰郷後は自身の捉えた仏法を叙述する事に努めたと思います。良寛の捉えた仏法は、既に円通寺時代に構想を立てていたと思える良寛自筆の「法華讃」等に語られます。そこには釈迦の説かれた物事の在り方の本質を、中国禅の論旨に基づいて解釈されています。

良寛が四十八歳の時に、同郷の若い僧、大忍魯仙が京都で発刊した「無礙集」に良寛の詩評を載せていますので、良寛が四十六歳の時に、魯仙は一時帰郷した際に良寛と逢って、良寛がそれまでに纏めていた詩の手控え帖を見せてもらったのではないでしょうか。そうしますと、良寛は「法華讃」と共に、これまでの詩作を詩集に纏める作業も並行させていたものと思います。しかし、「法華讃」には専門的な仏語や禅語が多く含まれていて難解です。又、良寛の詠んだ漢詩にも仏法を説いた作品は多く有りますが、こちらも難しい語彙が多く含まれていて理解に労を要します。私は良寛を知った当初から、良寛の捉えた仏法に強い関心を抱き、その会得に努めて来ました。そして、良寛の捉えた仏法を私なりの易しい言葉に置き換えて次のように表現をしてみました。即ち、良寛は「釈迦の説かれた仏法とは、自分の損得を考えずに、物事の在り方を在るがまゝに見て取ると、自然を含めた多くの物事には、各々それ自体に素晴らしい働きが備わっていると知る事である。」と捉えられたと思っています。

そして、良寛は廻りの自然の在りようや自身の来し方を、良寛が極めた仏法に基づいて漢詩に詠んでいる事に気付きました。その良寛が極めた仏法に基づく想いで詠まれた漢詩には、日本人が古来大事にして来た、和の心が汲み込まれていますので、それを鑑賞する事によって読む人の心も和むと思います。良寛の漢詩には規則に反した作品が有ると言われていますが、それ等を訓読みで味わいますと、日本人の感性に良く合っていて味わい深いです。ですから、良寛は日本人の作る漢詩は訓読みで味わうべきものと考えていたと思います。

良寛が四十四歳の時に江戸の歌人大村光枝が五合庵を訪れ、二人で和歌を詠み交わしていますので、良寛はその頃既に、和歌も沢山詠んでいたようです。帰郷後の自身の生業や身の回りを取り巻く物事の在りようを述べるには漢詩よりも和歌の方が相応しいと考えたからでしょうか。良寛の遺した自筆歌集「ふるさと」が伝わっています。この歌集の書かれた時期は、国上山中の五合庵から山麓の乙子神社草庵に移り住んだ頃と思われます。厳しい山中での草庵住いに比べたら少しは楽な暮らしが出来るようになった安堵の思いからこの歌集が編まれたのでしょう。この歌集には、十年以上に及ぶ国上山周辺での来し方を総括した長歌と、それに続けて、春から冬に亘る四季折々の情感を詠んだ歌が載りますので、そこから良寛の捉えた物事の在り方を窺う事が出来ます。又、最晩年の木村家草庵時代に書かれた和歌巻には、万葉集では多く載っていますが、当時詠まれる事の少なくなった長歌を以て、和歌で表現出来る人の心の想いの究極が謳い上げられていると思われます。

続いて良寛の書について若干の考察を試みます。良寛には書の素質も有って、楷書は大森子陽の塾で学んだ頃に相当な域に達していたようです。このことは橘崑崙の著した「北越奇談」に、良寛が玉島円通寺での仏道修行を終えて帰郷し、寺泊郷本の塩焚き小屋に仮住いをしている折に、崑崙の兄で漢学塾の学友であった橘彦山が、小屋の壁に貼ってあった詩の書を見て「其筆跡まがふ所なき文考（良寛の少年時代の名前）なりしかば云々」と言ったと載ることから想定出来ます。四十七歳頃に五合庵に定住出来た折に、それまでに構想を温めていた「法華讃」を書き上げたと思え、現存する良寛楷書の初期作品ではないでしょうか。その後、数種の自筆詩集を遺していますが、全て楷書で書かれていて、特に「小楷詩巻」と言われる詩集は絶品です。良寛が懐素の「自叙帖」を学び始めた時期は五十歳頃と言われています。良寛が五十一歳の時、法友とも言われる三輪左一が亡くなった折に、三輪家の当主に宛てた書簡の中の「来」の字が「自叙帖」のものに似ています。又、鈴木文台が江戸の儒学者、亀田鵬斉が来越して、良寛の草書の妙を讃えた話は良寛が五十二、三歳の時です。五合庵を訪ね、良寛が「自叙帖」を紙が黒くなるまで練習していたと書き残している事は良寛が五十七歳の時です。良寛が「秋萩帖」を学び始めたのも五十歳頃からと言われています。五合庵に定住して以降には心に余裕も出来て、自身の詠んだ和歌を書き残す為に、仮名の原形である変体仮名の名筆と言われる「秋萩帖」を選んだ事は流石は良寛と思います。

五十九歳で乙子草庵に移ってからは、更に暮らし振りが楽になったようで、先に触れました「ふるさと」を含め、多くの和歌を書き遺しています。

五合庵時代にも、「秋萩帖」と「自叙帖」を学んだ後に書かれた仮名と漢字草書の遺墨は多く残っていますが、殆どは半紙等の小品です。屛風や軸に表装された条幅等の大作は、数点を除いて乙子草庵時代の後期と和島の木村家草庵に移住してから書かれたものでしょう。

帰郷以降、阿部家、解良家等、周辺の多くの外護者が良寛の生業を援けて来ましたが、乙子草庵時代に良寛の身の回りの世話をした若い法弟の遍澄や最晩年に住まいを提供した和島の木村元右衛門等の存在は良寛の書道芸術の大成に大いに貢献したものと思います。又、和歌についても万葉集以降には詠まれることの少なくなった長歌で「月の兎」を初め、多くの名品を遺した事にも彼等多くの外護者の恩恵に与るものと思います。

以上、良寛の芸術に関わる生涯を辿りましたが、仏道を生き抜き、仏法を弘める、即ち、弘法を願って帰郷した良寛が、詩歌や書の芸術の道にも精通した事の意味を整理して置きます。先にも述べましたが、良寛は、仏法を知るとは己の価値観を考えに入れずに、物事の在り方を在るがまゝに捉えることで、仏道に生きるとは、己に

小川芋銭画「月の兎」（良寛記念館蔵）

良寛は最晩年に「月の兎」と題した、
読む人の涙を誘う長歌を残す。

備わる仏性を活かして衆生済度を実践する事と考えたと思います。そして、良寛に詩歌や書に係る素質が備わっていることは己の仏性の一つであり、それを活かして物事の在り方の真実を現わすことは仏道に適うと考えたと思います。良寛は詩も歌も書も人の心を表現する手段であり、人の心とは物事に対する慈愛の気持、即ち、日本人が古来大事にして来た和の心を大切に考えたでしょう。そのことが「秋萩帖」や「自叙帖」等の名跡を学んで、更に見る人の心を和ませる良寛調と言われる書を完成させるに至ったと思われます。

良寛は自身の生き方を客観視し、又、廻りの自然を実に細かく正確に観察して歌や詩に詠い込んでいます。帰郷後間も無い頃の良寛の詩には堅い表現の仏法に係る作品も結構多くありますが、晩年に書かれた屏風や条幅等に表装されて多くの人の目に触れる作品は、良寛の周りの人達との暮らしぶりや廻りの自然の素晴らしさを詠み込んだ詩を選んでいて、点と柔らかい線質とで間を生かした温かい良寛調の書体が詩の内容と実に良く調和しています。良寛の遺墨の特徴の一つに、誤字・脱字が多いことが挙げられていますが、これは、殆どが屏風や条幅等の草書で書かれた作品に言われることで、楷書で書かれた自筆詩集には当て嵌まりません。このことは、詩集を纏める時には詩に意識を集中し、書の作品を遺す時には書作品に没頭する余り、詩句への意識が薄れてしまうのではないでしょうか。ここに、良寛の物事の真髄を極めようとする心の一端が味わえます。

以上種々述べましたが、良寛の詩や歌は良寛の説法と捉えて良いと思います。

解良栄重が「良寛禅師奇話」に述べていますように、良寛と実際に交わった当時の人達は、只、良寛が身近に居ることで心が和み、それが、良寛の葬儀には敬慕者の長い列が出来た事に繋がると思います。

そして、良寛が亡くなられた後の人達は、良寛の遺した多くの作品を通して良寛の温かい心に触れ、自身の心を和ませて貰ったでしょう。これが良寛の芸術を通した、今日も更に明日へも続く良寛の弘法であると言えると思います。今、世界中と同じく、日本に於いても、西洋思想、西洋文明に浸り切っていますが、しかし、日本では、現役を離れた人達を主体に、日本人が古より大切にして来た和みの心、即ち、自然に順応し、他の人や物を慈しむ温かい心に目覚め、それを自身に取り戻したいと願う人が増えているようです。そうした折に良寛に学びますと、良寛は必ずやその願いに応えてくれると思います。

良寛の「法華転」を読む

はじめに

私は平成十二年六月に「良寛の『法華讃《ほっけさん》』を読む」と題した、手作りの草稿版を著《あらわ》しました。それを幾人《いくにん》かの方にお配りした後で、読み直しをする度に、単純な誤字や解釈の間違いに気が付いて、大変に恥《は》ずかしい思いをしました。

それはさて置き、その作品の最後に「『法華転《ほっけてん》』は六十七首の偈《げ》（仏都に関わる事を漢詩の形で述べたもの）のみで構成されていて、何故か、最後の偈には、良寛の羞《はじ》らいが感じられる。一方、『法華讃』では、偈と著語《じゃくご》との掛合いが絶妙で、最後の閣筆《かくひつ》の偈には、良寛の自信が溢れている。」と述べました。

これを前作《ぜんさく》のテキストに「法華讃」を選んだ理由にしていましたが、良寛が「法華讃」と「法華転」の両方を作った意図《いと》をはっきりとさせないでいることが気に掛っていました。

そこで、この度は改めて「法華転」の読み解きに挑《いど》んでみることにしました。

ところで、「法華讃」と「法華転」とが作られた、各々の時期を知る手立《てだ》ては無いようです。

先にも述べましたが、「法華転」は偈《げ》のみで構成されています。そして、「法華転」の偈を読んだだけでは、良寛が言わんとする意味が掴《つか》めませんが、「法華讃」の類似の偈と著語とを併《あわ》せて読みますと、成る程と思える作品が幾つもあるのです。

このことから、今では、私は「法華讃」が先に作られたと推測しています。即ち、良寛は初めに、偈と著語とを巧妙に組み合わせて推敲《すいこう》を重ね、仏法の奥義《おうぎ》の提示を試みた「法華讃」を作ったと思います。その後に、仏法の肝要《かんよう》をずばりと現わした偈のみで纏《まと》め、「法華転」を完成させたものと推測しました。従って、「法華転」は寧《むし》ろ気持に余裕のある作品で、最後の偈に感じられる羞《はじ》らいは、逆に、良寛の自信の現われと見るべきと思います。さて、これから「法華転」を読むに先立ち、前回に読んだ「法華讃」から、私が学んだことの要点を整理しておきたいと思います。

一　祇如是《しにょぜ》

「法華讃」の方便品《ほうべんぼん》の偈に「人有って若し端的の意を問わば、諸法は元来、祇《た》だ是《か》くの如《ごと》し。」という句があります。これは、諸々《もろもろ》の物事の在り方とは「ただ、これ、これ。」ということを知りなさいと教えていると思います。即ち、物事の在り方を自分の価値観で判断するのではなく、それが在るがまゝの姿を見て、その真実を知ることが仏法の端的の意であると教えてくれていると思うのです。

又、譬喩品《ひゆほん》には「元来 只《た》だ 這裏《ここ》に在り。」という著語があります。これは、仏法とは只だ、即今《そっこん》、此処《ここ》、自己の内に在ることを教えていると思います。

更に、提婆達多品《だいばだったほん》には「男女を以って軽く商量することを休《や》めよ。」という句がありますが、良寛は、男女の差に限らず、物事の差別を徹底的に否定することを教えています。

以上の仏法の端的を捉えた三つの教えは、「法華讃」の他の品《ほん》でも所々で語られていますが、この「法華転」の中にも度々現われて来ます。

二　菩薩道《ぼさつどう》

「法華讃」の安楽行品《あんらくぎょうほん》に「明々たる仏勅《ぶっちょく》、曹渓《そうけい》 是《こ》れなり。実に痛腸《つうちょう》より出《い》ず。」という著語があります。この著語で良寛が言っている意味を、私は次のように解釈しました。

即ち、「釈迦の説かれた教えを正しく伝えて来たのは、曹渓宝林寺に住んだ六祖恵能《えのう》禅師の流れを汲む禅宗がそれである。儂《わし》も法縁があって、その流れの中で仏道を極めることが出来たことを思うと、有り難くて涙が腸《はらわた》から溢れ出る思いである。」と。

このように、良寛が仏道を極めることが出来たのは、釈迦の教えを初めて受け継いだ、摩訶迦葉《まかかしょう》に始まる西天《さいてん》（印度）二十八祖、及び菩提達磨《ぼだいだるま》を初祖とする東土《とうど》（中国）六祖を経て、延々と続いて来た祖師《そしがた》方の伝法のお陰であると言っていると思います。

ところで、「法華経《ほっけきょう》」の後半部に、幾人かの菩薩が登場して来ます。

菩薩とは、自ら仏道を求めて修行をするとともに、仏法を世の中に弘《ひろ》め、他人を救済しようと勤める人のことです。

良寛は、先に述べましたように、仏道を極めることが出来たのは祖師方の伝法のお陰であると言い、この祖師方を菩薩衆と同等に考えていたのではないでしょうか。と言いますのは、良寛は「法華経」の中で菩薩が登場する品《ほん》を高く評価しています。詳しくは、以降の「法華転」の本文を読んで下さい。

そして、祖師方による途切れることのない伝法のお陰によって極めることの出来た仏法を、今度は、良寛自身が他の人達にも伝え弘めたいと考えて、生まれ故郷の越後に帰ったという筋書きが私の持論です。

薬王菩薩本事品《やくおうぼさつほんじほん》の、仏が涅槃《ねはん》の時に、菩薩に仏の全てを託す話があります。ここに置いた偈で、良寛は「一切の家業は是れ尓《なんじ》の累。禅板、布団並びに拄杖《しゅじょう》と、漆桶《しっつう》、木杓、破草鞋《はぞうあい》。」と述べています。

即ち、仏が菩薩に伝法を託す時に渡す品物といえば、坐禅で使う板と布団、托鉢《たくはつ》の杖、炊事道具の漆桶と木杓、並びに行脚《あんぎゃ》の為の破れ草鞋《わらじ》で全てであると言っています。そして、この偈には「十字街道に布袋《ほてい》を打開す。」という著語を付けています。

布袋は、昔の中国の禅僧で、常に袋を担《にな》って賑やかな市街で乞食《こつじき》をしながら衆生済度《しゅじょうさいど》をした人です。良寛は、この著語によって、先の偈で挙《あ》げた品物を持って布袋の行《ぎょう》を実践しなさいと言っていると思います。

私は、良寛が越後に帰ってからの生《い》き様《よう》は、正に、この布袋行、即ち、菩薩道の実践であった考えています。

以降、本題に入って前作と同じように、独断に満ちた拙い文章を列ねますが、諸兄のご高見と、ご指導を賜りたいという一途な気持をお汲み取り頂けましたなら幸甚に存じます。

平成十四年 二月 三日

本間　勲（全国良寛会　会員）

法華転

1

開口転法華　口を開くも、法華を転じ、
閉口転法華　口を閉ずるも、法華を転ず。
如何法華転　如何なるか、法華の転。
合掌曰　合掌して曰《いわ》く、
南無妙法華　南無妙法華。

「六祖壇経」に、六祖恵能が「法華経」を七年間も誦《ず》し続けていた法達という僧に教えた有名な「心正転法華、心邪法華転。」という句があります。これは、「心正しければ法華を転じ、心邪《よこしま》なれば法華に転ぜらる。」と読みますが、「転法華」は能動態で「法華転」は受動態の意味に使われています。しかし、良寛の、この偈では「転法華」が受動態で「法華転」が能動態の意味に使われていると思います。そのように理解しないと、前の三句と終りの句「合掌して曰く、南無妙法華。」との意味が繋《つな》がりません。但し、後から出て来る偈では「転法華」が能動態の意味に使われていると思われますので、断定は出来ません。

色々と迷いましたが、この最初の偈を次のように訳してみました。

「法華を言葉で説明しようとすると法華に転ぜられてしまい、そうかといって、黙ってみても法華に転ぜられたことになる。それでは、どのようにしたら法華を転ずることが出来るかというと、両手の 掌《たなごころ》を合せて、無心に『南無妙法華』と唱えるのである。」

ここで、「転ぜられる」とは法華という概念に囚《とら》われることで、「転ずる」とは法華と自己とが同化して、自己が法華に成り切ることと思います。

ところで、「維摩経《ゆいまきょう》」に「不二法門」の話があります。維摩居士《ゆいまこじ》は病気見舞いに来た菩薩衆に「不二法門に入《はい》るにはどうしたら良いか。」と問います。すると、三十二人の菩薩が各々の考えを説いた後に、維摩の考えを問いました。それに対して維摩は沈黙をもって答えたとあります。これは、一切の法には言葉も無いし、説明のしようも無いことを表わした究極の答えといわれています。しかし、良寛は、この偈で、口を閉じていることも法華に転ぜられた行いであると言います。そして、法華を転ずるには、自我を忘れて、無心に「南無」と唱え、妙《たえ》なる法華に心底より帰命《きみょう》するしか方法が無いと言っていると思います。

それでは、法華とは何か。以降に、良寛の法華説法を聞いて行きましょう。

序

2

幾多光明放光明
打失瞿曇鬼眼睛
信道東方万八千
依然在法界中央

幾多の光明、光明を放《はな》ち、
瞿曇《くどん》の鬼眼睛《きがんせい》を打失《だしつ》す。
信《まこと》に道《い》わん、東方万八千、
依然として法界の中央に在り。

「法華経」の序品《じょほん》に、釈迦が眉間から白毫相光《びゃくごうそうこう》を放って東方一万八千の世界を遍く照らし、そこが仏国土であることを現わしたという瑞相《ずいそう》が述べられています。

良寛は、この瑞相の話は諸法実相《しょほうじっそう》を説く為の方便であると捉えているようです。諸法実相とは、我々を取り巻く世界の諸々の物事の在り方の真実の姿のことです。又、我々を取り巻く世界を仏法では娑婆《しゃば》とも言っています。従って、良寛は、「法華経」は我々が住む、この娑婆世界の真《まこと》の姿を説いた経典であると言っていると思います。そして、この娑婆世界を法界と言い、法華の世界とも言っているようです。そこで、本題の最初に置かれたこの偈は、良寛が、法華の真相をずばりと語ったものと考えて、次のように訳してみました。

「諸法の実相を正しく見るならば、あらゆる存在は、そのまゝの状態で、各々の持つ光明を放っているのであって、これらの光明は、瞿曇、即ち、釈迦が放ったという白毫相光をも打ち消す程に素晴らしいものである。であるから、はっきりと言って、東方に現わされたという仏国土とは、正に我々が住む、この娑婆世界の真《ま》っ只中《ただなか》にこそ存在しているのである。」

3　山河大地及人畜
　挙目廻然絶埃塵
　自従錯惹逸多問
　話頭無端落九垓

山河大地及び人畜、
目を挙ぐれば、廻然《けいねん》として埃塵《あいじん》を絶す。
錯《あや》まって、逸多《いった》の問《とい》を惹《ひ》きて自従《よ》り、
話頭端《はし》無く、九垓《きゅうがい》に落つ。

経の中では、釈迦が現わした東方の仏国土には全く汚れや穢《けが》れが無いことが示され、この瑞相の謂《いわ》れを逸多、即ち、弥勒菩薩《みろくぼさつ》が問うて、それに文殊師利《もんじゅしり》が答えています。

これに対して、東方に現わされた仏国土とは娑婆世界の様相を説く為の方便であるとする良寛は、この偈で次のように述べていると思います。

「この娑婆世界を構成している山河や大地及び人畜を、囚われの無い眼力で見渡したならば、迷いや煩悩《ぼんのう》の原因となる塵や埃等は、どれにも付いていないことが、はっきりと分かるのである。ところが、『法華経』の中で、弥勒菩薩が釈迦の現わした瑞相の謂れを問うたことの本当の意味が分からない為に、仏法の論議が、取り止めも無く世間に展開されるようになった。」

4　或発心或修行
瞿曇毫相凡幾枚
弥勒疑着尚未了
文殊道取早到来

或いは発心し、或いは修行す、
瞿曇の毫相、凡《およ》そ幾枚ぞ。
弥勒の疑着、尚、未だ了《おわ》らざるに、
文殊の道取、早《は》や到来す。

経では、釈迦が現わした東方の仏国土で、菩薩等が発心したり修行をしたりしている様子が示されています。しかし、良寛は、これも娑婆世界の様相であるとして、この偈を謳っているように思われます。

「この娑婆世界においても、多くの者が仏道成就の発心をし、或いは厳《きび》しい修行を続けている。その者達が放つ光明は、そのまゝ釈迦の放った白毫相光に匹敵するもので、その光明はどれ程の数が放たれているかは想像も付かない。実は、この娑婆世界の様相が、方便として釈迦の瑞相で説かれているのである。従って、弥勒菩薩が問いを発するまでもなく、文殊師利の答は早々に用意されているのである。」

5　一箇立高々峯頂

一箇は高々たる峯頂に立ち、

一箇行深々海底　　一箇は深々たる海底を行く。
為主為伴弟与兄　　主と為り伴《はん》と為る、弟《てい》と兄《ひん》と、
引弄諸法一如声　　引弄《いんろう》す、諸法一如の声。

3の偈で、弥勒菩薩が瑞相の謂れを問うたことの本当の意味が、世間の人には分からないでいると述べた良寛は、この偈で、経が意図したところを親切に教えてくれていると思います。

「慈悲深い弥勒菩薩が発した問いに、知恵第一といわれる文殊師利が、高い見地から答えるという場面は、両者が意気を合せて、諸法実相が一如であると説く、釈迦の教えを引き出す為の演出であったのである。」

尚、この偈の前の二句は、「無門関《むもんかん》」や「碧巌録《へきがんろく》」等の禅の語録に出ている句ですが、かなり意訳をしました。

6

古仏法華今仏転　　古仏の法華、今仏転ず、
転去転来益高箇　　転じ去り転じ来って、益ます高箇。
正転々百千度　　正に転々して百千度するも、
初中後善法華転　　初中後善し、法華の転。

経の中で文殊師利が答えた内容は、遠い昔に文殊が親近《しんごん》した日月燈明仏《にちがつとうみょうぶつ》が「法華経」を説き、今又、釈迦が「法華経」を説かれる。その前兆《ぜんちょう》として瑞相が現わされたというものでした。

良寛のこの偈は、そこの部分の経文の句を並べた形になっていますが、良寛の言わんとした意図を次のように考えてみました。

「経の中で、古仏が説いた法華の教えを、又、今の仏が説かれるということは、法華というものが、遠い昔から今に至るまで、変わることのない物事の在り方の真理であるからである。従って、今、この娑婆においても、素晴らしい法華が、世界一杯に展開されているのである。」

7　風冷酒醒疾
　荷深舟行遅
　因証七仏師
　本光瑞若斯

風冷やかにして、酒醒むること疾《はや》く、
荷深くして、舟行くこと遅し。
因《よ》って証す、七仏の師、
本《もと》の光瑞も斯《かく》の若しと。

序の最後の偈で、法華が展開されている様相を、具体的な事象を揚げて示したと思います。

「風が冷たければ酒の酔いの醒めるのが速く、荷を沢山積んで深く沈んだ舟は、その舟足が遅くなる。経の中で、過去七仏の師といわれる文殊師利が『本の光瑞も斯の若し。』と語っているが、法華の様相とは、この正に当たり前のことを言っているのである。」

以上、序の偈、六首を見て来ましたが、只だ、即今、此処、自己を観よという、「はじめに」で述べました良寛の教えが、明確に詠まれていると思います。

8 各人修証非無分
底事此行嘆嗟頻
従他鷲子投機問
輪却五千退席仁

各人の修証、分《ぶん》無きに非ず、
底《な》に事ぞ此の行、嘆嗟頻りなる。
従他《さもあらばあれ》鷲子《しゅうす》の機に投じて問うも、
五千退席の仁《ひと》に輪却す。

良寛の偈の各々が、「法華経」の経文を踏まえて作られていますので、それ等を読み解く為には、予《あらかじ》め「法華経」に目を通して、或る程度は、その内容を理解しておく必要があります。

この偈は、経の方便品の初めの部分に対応した作品ですが、「法華経」の捉え方は、良寛独特なものであると思います。

経では、釈迦が舎利弗《しゃりほつ》に「諸仏の智慧は甚だ深く、無量であって、一切の声聞《しょうもん》や辟支仏《びゃくしぶつ》に理解の出来るものではない。」と告げます。これを聞いた会中《えちゅう》の声聞等は自分達も仏の法を得て、涅槃《ねはん》に到りたいと思います。その思いを知った舎利弗は、釈迦に「どうして諸仏の智慧のみを称嘆《しょうたん》されるのか。」と問い、又、「その法を説いて下さい。」と、お願いしました。釈迦は断りましたが、三度《みたび》の要請に応えて、法を説こうとされた時に、会中の比丘《びく》等五千人が座を立って退きました。釈迦は、彼等は未だ得ていないものを得たと思っている増上慢《ぞうじょうまん》の者と言います。尚、辟支仏は独覚《どっかく》とも言われます。

この部分を踏まえて作られた8の偈を、私は次のように訳しています。

「声聞や独覚等が修行をして得た証《あかし》には意義が無い訳ではない。どうして仏の成就した行法のみを過大に讃嘆することがあろうか。従って鶖子、即ち、智慧第一の声聞といわれる舎利弗が会衆《えしゅう》の心を察して機敏に、釈迦がこの仏の法を讃嘆する謂れを問うたことの立派さも、この時に会席から退いた五千の人達の行為には及ばないのである。」

この舎利弗の行為が五千の退却者のそれに及ばない理由が次の偈で述べられています。

9　如是性相如是体
蘭有秀菊有香
看々法華開敷日
唯有貞実無糟糠

如是《にょぜ》の性相、如是の体、
蘭に秀有り、菊に香有り。
看よ看よ、法華開敷《かいふ》の日、
唯だ貞実のみ有って、糟糠《そうこう》無し。

「経の中で、如是相、如是性等の十如是で説かれた諸法の実相とは、蘭はその形が麗《うるわ》しく、菊は香《かぐわ》しい香を放っているということである。まあ、良く見てみなさい。この法華が展開されている今、此処の世界においては、只だ、正しい実《まこと》のみがあって、糟《かす》や糠《ぬか》といった不純な物は、全く存在しなのである。」

即ち、増上慢といわれた五千の退却者も諸法の実相に照らして見れば、各々の分に適《かな》った貞実そのものであって、寧《むし》ろ、謂れを問うた舎利弗には、仏の法に対する拘《こだわ》りがあって、法華に転じられていると言っているように思います。

10　已非思慮之境界
孰以寂黙誇幽致
正道止々不須説
復道我法妙難思

已《すで》に思慮の境界に非ず、
孰《た》れか寂黙を以って、幽致を誇らん。
正に道《い》わん、止《や》みね止みね、説くを須《もち》いざれ、
復た道わん、我が法は妙《みょう》にして難思なり、と。

この偈は経の中の語句を多く連《つら》ねて作られた形になっていますが、良寛は決して経が説いている字面《じづら》の趣旨をそのまゝに述べているとは思えません。

私には次のように読めますが如何でしょうか。

「法というものは、思慮、分別によって分かるものではないと言って、只だ、静かに黙っていることが仏道の極地であると誇れるものでもない。しかし、経では、『止《や》みなん、止みなん。説くべからず。』と言い、又、『我が法は妙《みょう》にして思い難し。』とも言っている。果して、どうであろうか。」

良寛は、法というものが言葉で説明出来ないことは十分に承知しています。しかし、法を他の人に伝える手段としては、どうしても言語や文字が必要です。釈迦の説法も「法華経」が世に出たことも、皆、衆生済度を願った、慈悲心によることを読者に訴えていると思います。そして、良寛自身も文字をもって「法華経」の経文を辛辣《しんらつ》に揶揄《やゆ》しながら、しかし、本心は「法華経」の読み方を誤らないようにという、親切心から作られたと思われる偈が続きます。

11　十方仏土何早堪
唯有一乗好羞恥
従他五千誇退席
我道霊亀久曳尾

十方《じっぽう》仏土、何んぞ早や堪えん、
唯だ一乗のみ有りと、好し羞恥《しゅうち》するに。
従《さもあらばあれ》他　五千の退席を誇るも、
我は道わん、霊亀久しく尾を曳くと。

「経の中で、一切十方の諸仏の法も亦、是《か》くの如しと言って、法を説く為に十方の仏土を引き出してくるとは、何とも聞くに堪えない。まして、その中には一仏乗《いちぶつじょう》の教えしかないという説法さえも恥ずかしいばかりである。

だからと言って、先程、舎利弗に勝《まさ》っていると述べた五千の退却者にしても、自分等は既に悟りの境地に達しているから、これ以上の教えを聞く必要がないという態度は、亀が尾を曳く譬えのように、悟り臭さを消し切っていないと言いたい。」

経では、更に、諸仏は方便として一仏乗の教えを三乗《さんじょう》に分別《ぶんべつ》して説き、諸《もろもろ》の衆生《しゅじょう》に仏の智慧を授けようとするのであると続きます。

これを受けて、以降の偈で、良寛の法華説法が展開されます。

12

会三帰一日西斜　　三を会して一に帰す、日、西に斜《かたむ》く、
開一為三雁哢沙　　一を開いて三と為す、雁、沙《すな》に哢《さえず》る。
箇中意旨若相問　　箇中《こちゅう》の意旨、若し相い問わば、
法華従来転法華　　法華従来、法華を転ず、と。

「釈迦の説かれた教えが、声聞と独覚と菩薩という三乗の教理に分別して伝えられて来たが、『法華経』によって一仏乗の教えに纏《まと》められたということは、お日様が、その日の終りに西に傾くという当然のことである。又、元々一つであった釈迦の教えが、三乗の教理に説かれたことは、雁が砂の上で種々に遊び囀《さえず》るという、ありふれた現象なのである。若し、この意趣を問われたならば、法華、即ち、この世の物事の在り方とは、遠い昔から、在るがまゝの形で存続しているのである、と答えよう。」

このように、良寛は、一仏乗や三乗の教理があったことは、声聞、独覚、菩薩及び「法華経」の作者の各々が、それぞれの分に従って仏道を実践して来たことの成り行きである、と言っているように思えます。

13　開一為三梅腮白　　一を開いて三と為す、梅腮《せんだん》白し、
会三帰一柳眼翠　　三を会して一に帰す、柳眼翠《みどり》なり。
有人若問此中意　　人有り、若し此の中の意を問わば、
実涙出於痛腸裏　　実の涙は痛腸の裏《うち》より出ず、と。

「一仏乗の教えを、衆生の機根に応じて方便をもって三乗の教えに説くということは、梅檀《せんだん》の花が白いという麗《うるわ》しい物事の在り方の一つであり、又、三乗の教えを一仏乗の教えに纏めるということも、柳の新芽が翠であるという清々《すがすが》しい諸法の実相の現われである。もし、人にこの意趣を問われたならば答えよう。釈迦が仏法を説かれたということは、苦悩している衆生を悲しみ、憂《うれ》いたが故に、慈しみの涙が溢れ出たからである、と。」

良寛は、声聞、独覚、菩薩及び「法華経」の作者と同じように、釈迦の出現さえも、諸法実相の現われであると説いていると思います。

尚、この偈に引かれている梅檀は、今にいわれている「センダン」とは別の「ビャクダン」といわれる香木《こうぼく》のようです。

14　渓声不惜微妙音　　渓声惜しまず、微妙の音、
山色豈蔵清浄姿　　山色豈に清浄の姿を蔵《かく》さんや。
吾亦而今如是説　　吾も亦、而今《いま》是くの如く説く、
便是古仏説法儀　　便ち是れ古仏、説法の儀と。

「谷川の水の流れは惜しみなく微《かす》かな妙音を聞かせてくれている。又、山の色相《いろあい》も、その清浄な姿を隠すことなく現わしている。自分も又、今、法華とは、このような、万物の在るがまゝの姿を説くものであると言いたい。これこそが、釈迦を初めとする、昔からの祖師方が行って来られた説法の仕方であったのである。」

以上にみて来ましたように、良寛は、声聞、独覚、菩薩、更に、仏との間に差別を認めていません。又、法を、一仏乗や三乗の教えに拘って説くことも厳しく諌めていると思います。

各々の修行の仕方や教えの形は違っていても、皆、諸法の実相であると捉えなさい、ということが、良寛の法華説法ではないでしょうか。

譬喩

15　三界及六道　　三界《さんがい》と及び六道と、
輪転一乗車　　一乗車を輪転す。
看々疾如鳥　　看よ看よ、疾《はや》きこと鳥の如し、
去々向誰家　　去《ゆ》き去《ゆ》いて、誰が家にか向かわん。

経の譬喩品《ひゆほん》では、一仏乗の教えを三乗に分別して説く意味を、三車火宅の譬えで説明しています。しかし、良寛は、方便の偈でみて来ましたように、法を一仏乗や三乗の教えに区別して説くことを諌めています。そして、この15の偈に類似した「法華讃」の偈には「元来 只《た》だ 這裏《ここ》に在り。」という著語を置いています。そこでこの偈を、我々が住む、この娑婆世界に展開されている法華の様相を示したものとして、次のように訳してみました。

「三界と六道に亘る普《あまね》く世界には、只だ一つ、法華の教えのみが説かれているのである。その敷衍《ふえん》は何と素早いことか、そして、この教えは誰に向って説れるというものではなく、あらゆる人達に行き渡っているのである。」尚、三界とは、衆生《しゅじょう》が生死流転する三つの迷いの世界で、欲界、色界、無色界から成るといわれています。この内で、欲界は最も下にあって、淫欲と食欲に満ちた世界です。そして、この欲界には、地獄、餓鬼、畜生、修羅、人、天の六道があるといわれています。

16　作者浪説羊鹿牛　　作者、浪りに説く、羊鹿牛、
　　痴子驚喜太無端　　痴子驚喜するも、太《はなは》だ端無し。
　　十方三世唯一門　　十方三世、唯だ一門、
　　不知向外競馳奔　　知らず外に向って、競い馳奔《ちほん》す。

経文の読み方に対する警告が続きます。

「経文では、巧みに羊鹿牛の三車を方便として説き、それを欲しがる愚かな子供達が大喜びをして火宅から門外に走り出たとある。しかし、これは全く意味のない話である。何故ならば、十方と三世、即ち、空間の一切と時間の全てに亘って、仏法に至る門は只だ一つしかないのである。だから、今、此処、自己が法界であることを知らずに、外に向って救いを求めるような考えを起こしてはならないのである。」

羊鹿牛の三車や火宅については「法華経」に目を通して下さい。

十方とは、東西南北の四方と東南、西南、西北、東北の四維、及び上下の方向を言い、三世は、過去、現在、未来の時間を言います、

17
昔日三車名空有
今日一乗実亦休
有意気時添意気
風流浅処最風流

昔日、三車の名、空しく有り、
今日、一乗の実も、亦休《や》む。
意気有る時、意気を添え、
風流浅き処、最も風流なり。

「経では、曾《か》っては方便として三乗の教えが空しく説かれて来たが、今日では、一仏乗の教えのみが真実であると言う。しかし、その一仏乗の教えにも拘ってはいけない。それでは、どうしたら良いかと言えば、法華が展開されている、この世界においては、意気が盛んな時にはその意気を活用すれば良い。又、余り風流といえない、煩わしい時にこそ、自己の力量、即ち、本具の能力を発揮出来る風流があるのである。」

良寛の托鉢と自給自足の生活は、本当に厳しいものであったと思います。しかし、そうした中で、良寛本具の能力を発揮して、詩、歌、書等の道において、その極地を究めた生き様は、正に風流といえるのではないでしょうか。

信解

18
従昔以来接一乗
今日始知真仏子
如来無意惜宝蔵
只是諸人不能体

昔従《よ》り以来《このかた》、一乗を接す、
今日始めて知る、真の仏子なることを。
如来に宝蔵を惜しむ意無きも、
只だ是れ諸人の体する能わざりしのみ。

経の信解品《しんげほん》では、釈迦より一仏乗の教えを聞いた声聞等が、その喜びを長者窮子《ぐうじ》の譬喩をもって述べています。良寛はこの品では、窮子に照らして自身の修行の遍歴を回顧した偈を述べていると思います。

「仏は、昔から只だ一つの教えをもって衆生に接して来られたのである。それを、『法華経』が説かれた今日、声聞等は始めて自分達も真《まこと》の仏の子であることを知ったと言う。これは、元々、仏には教えを説くことを惜しまれた訳ではないのに、只だ、衆生には、それを体得するだけの能力が無かった為である。」

19　従邑至邑城又城　　邑《むら》従り邑に至り、城より又城、
展転傭賃嘆此身　　展転傭賃して、此の身を嘆《なげ》く。
自家珍宝都抛捨　　自家の珍宝、都《す》べて抛捨し、
甘為他国伶俜人　　甘んじて他国、伶俜《れいへい》の人と為る。

「村から村へ、町から町へと渡り歩いて、僅かな賃傭《ちんやと》いで暮している我が身の哀れさを嘆いて来た。これは、自己本来に備わっている素晴らしい素質を、全て自分から投げ捨て、何か良い事があると思って他所《よそ》の国へ行ったが、結局は落ちぶれの身となってしまったのである。」

20　手把白払侍左右　　手に白払《びゃくぼつ》を把《と》りしを、左右に侍らせ、
端居獅床気如王　　獅床に端居して、気、王の如し。
窮子不知是我父　　窮子は知らず、是れ我が父なることを、

故在門外作経営　　　故《ことさ》らに門外に在りて、経営を作す。

前の二つの偈18と19とは、経文と良寛の見解とを組み合わせた形になっていますが、この20の偈は、経文の内容を述べただけになっています。

「長者は白い払子《ほっす》を持った召使いを左右に侍らせて、自身は立派な椅子に、どっしりと腰を据えている。その気概たるや、まるで王様のようである。哀れな子供は、それが自分の父親であることが分からずに、恐れをなして、父の屋敷の外で、苦しい生活を続けるのであった。」

21　或山林或空沢　　　或るときは山林、或るときは空沢、
二十年前曾苦辛　　　二十年前曾《か》って苦辛す。
而今獲無上大法　　　而今《いま》無上の大法を獲《え》、
逍遥信為物外人　　　逍遥として、信《まこと》に物外の人と為る。

「自分も或る時には山林の中で、又、或る時には人気の無い淋しい沢地で暮すという、二十年前までの生き様は、全く苦しいものであった。しかし、今では、無上の仏法を会得出来たので、俗事を超越した自在な生活を楽しんでいるよ。」

以上にみて来ましたように、良寛は曾っての自分を含めて、世間の人達を窮子に見立てて、憐れみ、悲しんでいたものと思います。そして、自分が出来たように、他の全ての人達も、早く自己本具の仏性に目覚め、心豊かな生涯を送って欲しいと願っていたことでしょう。

薬草喩

22　密雲垂布覆大千
法雨流樹洽未央
雖然彼々不相知
大小草木各馨香

密雲垂布して、大千を覆い、
法雨流れ樹《そそ》ぎ洽《うる》おして、未だ央《つ》きず。
然も、彼々相知らずと雖《いえど》も、
大小の草木、各々馨香《かぐわ》し。

経の薬草喩品《やくそうゆほん》では、三草二木の比喩をもって、仏の衆生に対する平等の慈悲が説かれています。しかし、良寛のこの偈は、経文の語句を借りて、娑婆世界における法華の様相を謳っていると思います。

「厚い雨雲が空一杯に広がって、この世界を普《あまね》く覆っている。その雲からは、有り難い恵みの雨が全ての草木に降り注ぎ、それ等を育《はぐく》む大地を潤して尽きることがない。そして、各々の草木は、恵みの雨の有り難さを知ることもなく、大小それぞれが、種に従った芳香を放つように生長するのである。」

経では、同じ雨の下で、大中小と種々の草木が育つように、仏が平等の法を説いても、それを聞く衆生は、各々の受け取る能力に随って、仏道の成就に差が生じると述べています。しかし、良寛の偈では、大小の草木の各々が、それぞれの種に従った馨しい香を放つ、と言い切って、馨しさの差を否定します。そして、この娑婆世界においても、法華の法雨は満ち満ちていて、全ての衆生に等しく降り注ぎながら、各々の内に豊かな仏性を育《はぐく》ませている、と言っているように思います。

授記

23 授記作仏家常事　授記して仏と作るは、家常の事なり、
超悟越迷無機校　悟を超え迷を越えて、機校《きさ》無し。
河裏失銭漉河裏　河裏に銭を失して、河裏を漉《ろく》し、
東家借馬還東家　東家に馬を借りて、東家に還《か》えす。

経の授記品《じゅきほん》では、釈迦が声聞の摩訶迦葉《まかかしょう》に未来世で仏に作《な》ると告げると、他の声聞等も作仏の記を請願したとあります。これに対する良寛の作仏の捉え方が、この偈で述べられています。

「経では、釈迦が記を授けた者が仏になると言うが、人が仏になるのは日常茶飯のことである。又、迷いを滅して悟りに導く為の方便や手立て等というものも無いのである。即ち、仏になるとは、河の中で銭を失った時には、その河底を探り、東の家から馬を借りたら、東の家に還すことと同じ、当たり前のことなのである。」

人、各々には生まれる前から仏性が備わっているのである。迷いによってそれを見失ったら、迷いをお返しして、本具の仏性を自己に求めなさい、と言っていると思います。

化城喩

24 十劫坐道場　十劫、道場に坐して、
仏法不現前　仏法、現前せず。

好箇時節子　　好箇の時節子、
莫為等閑看　　等閑《なおざり》の看を為すこと莫かれ。

経の化城喩品《けじょうゆほん》では、遠い昔に居られた大通智勝《だいつうちしょう》という仏が仏法を得るまでの経緯の話の中で、初めの十劫の間、道場に坐って修行をしたが仏法を得ることが出来ず、更に十劫の間、修行をして仏法を得ることが出来たと述べています。

この仏法を得る、得ないということの、良寛の説法を聞きましょう。

「十劫もの長い間、道場に座って修行をしたが、仏法を得られなかったとしたら、この修行の期間を意味が無かったなどと、いい加減な捉え方をしてはいけない。」

何故でしょうか。次の偈を読んでみましょう。

25　過於十劫了　　十劫を過ぎ了って、
仏法現在前　　仏法、現在前す。
将謂奇特事　　将に謂《おも》えり、奇特の事と、
元来只這般　　元来只だ這般《しゃはん》のみ。

「経では、更に 十劫の間の坐禅修行を終って、漸く仏法を得ることが出来たと述べている。しかし、この仏法を得たことを殊更に素晴らしいことと思ってもいけない。何故ならば、仏法を得るとは、元々、只だ、在りのまゝの物事を、在りのまゝに捉えることが出来るようになった、と言うだけのことである。」

良寛は、このように、仏法を得るとは、物事の在り方を「ただ、これ、これ。」と知ることであると言います。しかし、前の偈では、それが分かるまでの修行が、そのまゝ、その人の在り方であって、仏法を得る、得ないということで、その人に優劣が付けられるものではないと言っていると思います。

さて、経では、釈迦が、衆生を一仏乗の教えで覚りの境地に渡らせる為に、方便を用いることを、化城の比喩で述べています。

そのところの良寛の偈を読んでみましょう。

26
険道崎嶇不易之
況又曠絶無人地
自非値明達之師
幾人到此不還轡

険道崎嶇《きく》として、之《ゆ》き易からず、
況んや又、曠絶無人の地なるをや。
明達の師に値《あ》うに非ざる自《よ》りは、
幾人か此に到って、轡《くつわ》を還さざらん。

「経の譬えにあるように、宝所への山道は非常に険しくて先へ進むことが難しい。ましてや、その道の周囲は広々として、人も居ない地であれば尚更である。このような所では、その道に明るい導師に逢うことが無かったならば、幾人の人が、そこから引き返さずにおられようか。」

良寛は前の偈で、仏法を得るとは、物事の在り方を「ただ、これ、これ。」と知ることであると言いましたが、しかし、それは簡単なことではないことも十分に承知しています。そして、この偈では、仏法の伝授は正師面授、師資証契《しししょうかい》によって達成されるものである、と言っているように思われます。

27
為於中路立化城
園林沃池随意用
宝処此去殊不遠
帰去来同道衆

為めに中路に於いて、化城を立つ、
園林沃池、意に随って用う。
宝処、此を去ること、殊《ことさら》に遠からず、
帰去来《かえりなんいざ》、同道の衆。

「経では、宝所への険しい道程《みちのり》の途中に仮りの城を建て、そこには立派な園林沃池を設けて、思いのまゝに使って休息が出来るようにし、宝所は此処からそれ程遠くない所にあると言って、宝を求める人達を励ましたとある。さあ、仏道修行に励む皆の衆よ、我々も後一歩の所にある、自己本具の仏処に帰ろうよ。」

このように言って、良寛は導師の役目を果してくれていると思います。

五百弟子

28
半千尊者去騰々
人間天上罕等匹
国土名号並寿量
同道同行同作仏

半千の尊者、去《ゆ》いて騰々、
人間《じんかん》、天上、等匹罕《まれ》なり。
国土、名号並びに寿量と、
同道、同行、同作仏す。

経の五百弟子授記品《ごひゃくでしじゅきほん》では、先の声聞への授記に続いて、釈迦が阿羅漢《あらかん》にも作仏の記を授ける話に移ります。ここでは、釈迦は五百の阿羅漢に、皆同じ名前の普明仏《ふみょうぶつ》になるとの記を授けたとあります。この記を授けられた五百の阿羅漢は歓喜して、衣裏繋珠《いりけいじゅ》の譬えで釈迦に領解《りょうげ》の意を述べています。尚、阿羅漢とは、大乗仏教の人が小乗の聖者をさして言う呼称です。

この28の偈では、良寛は経文とは違った、良寛独自の説法を展開しています。

「経の中で、釈迦から作仏の記を授けられた半千の尊者、即ち、五百の阿羅漢は、皆、その仏国土においては騰々と自在な日々を迎え、人間界や天上界には、彼等に匹敵する暮し振りの者は居ないであろう。何故ならば、彼等は皆、同じ道で、同じ修行をして、国土も名号も、更に、寿量までもが同じで、同じ仏になるというのであるから。」良寛の意とするところは、作仏の記を授けられ者だけが仏に為れるのではなく、この娑婆世界においては、物事の在り方が、あらゆる差別を超越した一如《いちにょ》であるから、そこに暮す者全てが、仏として、等しく騰々と、自在な日々が送れるのである、と言っていると思います。

29　窮子不知衣内珠
　　資生幾年喫艱難
　　今朝忽因親友語
　　記得当年置酒縁

窮子《ぐうじ》は知らず、衣内の珠、
資生幾年か、艱難《かんなん》を喫したる。
今朝、忽《たちま》ち親友の語に因り、
記し得たり、当年置酒の縁。

「貧窮した人は、自分の衣の内にある宝珠を知らないでいる。その為に、毎日の暮しが貧しく、長い苦難の年月を過して来た。今朝、当に旧知の親友に逢い、彼の話によって、昔、酒を酌み交わした折に、彼が衣の内に宝珠を懸けてくれていた因縁を知ることが出来たのである。」

この偈では、経の譬えと、ほとんど同じ内容が謳われています。良寛は、この衣内の宝珠という言葉がお気に入りのようで、これを謳った漢詩も、幾つかあります。

ところで、経の譬喩の意味は、釈迦は常に無量の仏の智慧を説かれていたのに、阿羅漢等は愚人のように、僅かな涅槃《ねはん》の境地を得ただけで、これで充分だと思っていたが、今、改めて釈迦の教えを聞いて、自分等も無量の仏の智慧に到達出来ることに目覚めたというものです。

しかし、良寛は、衣内の宝珠を自己本具の仏性の意味に取っていて、さあ、皆の衆も早く自己本具の仏性に目覚めなさい。今、私がこうして仏法の因縁を説いて差し上げたのであるから、と言っているように思われます。

授学無学人記

30　空王仏時同発心　　空王仏の時、同じく発心す、
或精進或多聞　　或いは精進し、或いは多聞す。
雖然似修有遅速　　然も修に遅速有るに似たりと雖《いえど》も、
此中何曾論疎親　　此の中、何ぞ曾《か》って疎親を論ぜん。

「経では、釈迦と阿難《あなん》とは空王仏の時に同じく発心したが、釈迦は精進に努め、阿難は多聞を願った。そうして、釈迦は早くに仏と成ったが、阿難は法を護持して菩薩衆の教化に励んでいると述べている。これは、仏道の成就に速い遅いの差があるように思えるが、この両者の間で仏道に対する疎親を論じてはならないのである。」

次の偈で、この理由が述べられていると思いますが、なかなか解釈が難しいです。

31　先者非已度　　先なる者は已《すで》に度するに非ず、
後者非滞路　　後なる者も路に滞《とどこう》るに非ず。
借問箇中人　　借問す、箇中の人、
寧知箇中趣　　寧《いずく》んぞ箇中の趣きを知らん。

「釈迦は先に成道して、既に彼岸に渡っているというものではない。又、阿難は成道が後になっていても、別に仏道の途中に滞っているというものでもない。ここで、仏法を体得したといわれる方にお尋ねしたい。仏道の奥義を、どのように承知しておられるかと。」

良寛の答は、この偈の、前の二つの句にあると思います。即ち、仏道の奥義を究めて分かることは、「ただ、これ、これ。」ということである。従って、これが分かったからといって、彼岸に渡ったということではなく、この世の中での生き方の一つが体得出来ただけである。又、成道が遅れているといっても、それは仏道の成就に励んでいるという生き方の一つである。両者共、その人、その人の在り方の真実の姿であるから、どちらを勝るとか劣るとかと考えてはいけない、と教えてくれていると思います。

法師

32　若読誦若書写　　若しくは読誦し、若しくは書写す、
若見是人莫空過　　若し是の人を見ば、空しく過ごす莫れ。
此処当起七宝塔　　此の処、当に七宝の塔を起すべし、

高至梵天奉香華　　　高く梵天に至らしめ、香華を奉れ。

「法華経」の法師品《ほっしほん》から安楽行品《あんらくぎょうほん》までを流通分《るずうぶん》と呼ぶ分け方があります。良寛のこれ迄の品の偈には、経文をそのま丶読み取ることに警告を発している作品が多くありましたが、この法師品以降には、経の讃嘆と思われる作品が現われてきます。これは、流通分といわれるように、これらの品には仏道の伝承に勤める菩薩衆（法師）の話が出てきて、良寛は、この菩薩衆の働きを高く評価していたことによると思います。

「『法華経』を読誦したり、書写したりする人を見掛けたならば、空しく見過ごしてはならない。その人の所には、立派な七宝で飾った塔を建てるべきで、その塔は梵天に至る程の高さにして、それに香華を捧げなさい。」

33　空為座慈為室　　　空《くう》を座と為し、慈を室と為し、
等閑掛着忍辱衣　　　等閑《なおざり》に掛着す、忍辱《にんにく》の衣。
消容回顧無所畏　　　消容回顧して、畏る丶所無きは、
梅檀林中獅子児　　　梅檀林中の獅子児なり。

「経が述べているように、説法をするには、一切法空の座に坐し、慈悲心の室に入り、無造作《むぞうさ》に忍辱の衣を着るべしである。このようにして、ゆったりと振り返る姿は、全く恐れるものが無いという様子に見えて、これぞ、修行道場における偉大な菩薩衆といえるのである。」

前の偈を含めて、読誦、書写及び説法は、単に「法華経」を対象にしたものではなく、仏典一般を指しているると思います。即ち、良寛は、単に「法華経」を讃嘆しているのではなくて、仏法の伝授に励む菩薩衆を讃嘆して

いると考えるべきでしょう。

見宝塔

34　十方化仏聚会時
宝樹荘厳凡幾重
人天被暫移他土
到今砺額望遼空

十方化仏、聚会《しゅうえ》の時、
宝樹もて荘厳す、凡《およ》そ幾重ぞ。
人天暫く他土に移さる、
今に到って砺額《しゃくがく》して遼空を望む。

この品も、経の概要の説明は省略させて頂きます。市販の「法華経」又は、経の解説書等を参考にして下さい。

さて、この34の偈についてですが、三句目までは経文の内容を謳っています。しかし、四句目は、良寛の創作によるもので、解釈が難しいです。「法華讃」の同意の偈には「蒼天、蒼天。」の著語が付いています。これは、「あゝ、可哀相に。」という意味ですので、人天が他土に移されたことを悔やんで詠まれた作品と言えるでしょう。

「経には、釈迦が、十方に置かれた釈迦の分身の仏を集める時に、娑婆世界を幾重もの宝樹で荘厳にし、その会衆以外の人と天人とを暫く他土に移したとある。しかし、今になって、他土に移した人達を、額に手を翳《かざ》して遥かな天空を探してみても、一旦移した人達は、最早、見付けることが出来ないのである。」

何故、人天を探したのでしょうか。それは、他土に移した後で、娑婆世界がそのまゝ法界であるから、その人達にも、皆、等しく仏法を伝授しなければならないことに、気が付いたからと思います。

35
無中有路出塵埃
同道唱和幾箇知
宝塔涌出千由旬
周内欄楯有光輝
大地変為一仏土
遼空仰見二如来
汝等諸人能体取
欲付法華今其時

無中に路有り、塵埃を出ず、
同道唱和、幾箇か知る。
宝塔涌出す、千由旬、
周内《しゅうそう》せる欄楯に光輝有り。
大地変じて一仏土と為る、
遼空仰ぎ見る二如来。
汝等諸人、能く体取せよ、
法華を付さんと欲す、今其の時なり。

初めの句は、中国曹洞宗《そうとうしゅう》の祖といわれる洞山良价《とうざんりょうかい》の説いた五位《ごい》の正偏回互《しょうへんえご》が収まる「洞山録」にある、有名な句です。意味は「真理というものがはっきりと分かってみると、何にも囚われることの無い所に、煩悩の世界から脱け出す路が有ることが分かる。」というものです。

さて、この35の偈の三句目以降は、経文の内容をほとんどそのまゝに謳った形になっています。この三句目以降の経文の内容と冒頭の二句とを通して読んで、良寛の意図を掴まなければなりませんが、それが又、難しいです。ここにも、「法華讃」の同意の偈に付された著語の意味を借りて、次のように読んでみました。

「禅宗の問答の席で『無中に路有り、塵埃を出ずる。』という句が度々提唱されるが、果して幾人が、この真意を知っているだろうか。それはさておき、経には次のようにある。即ち、千由旬もの高さの宝塔が地から湧き出して、それに回《めぐ》らせた欄楯《てすり》は光り輝いている。そして、広い大地は一つの仏国土になって、遥か上空の塔の中には、並んで坐した二人の如来を仰ぎ見ることが出来る。そして、釈迦が、さあ皆の衆よ、良く良く体得しなさい。今が当に、法華が説かれる、その時である。と。」

尚、「法華讃」の同意の偈に付された著語とは、「竿頭の糸線は君が弄するに任す。清波を犯さざるの意、自ずから殊なり。」というものです。

意味は「竿の先の釣り糸はどのようにしてもらっても良いが、澄んだ波をかき乱さない私の釣り方は、又、それなりの心構えがあってのことである。」となるでしょう。

この著語を知る私には、35の偈の後に続く良寛の声が聞こえてきます。

「さあ、どうだ。この経文の派手派手しさは。惑わされてはなりませんよ。『無中に路有り、塵埃を出ずる。』という句の真意を確《しっか》りと掴みなさい。」と。

さて、皆さんは、どのように読まれるでしょうか。

提婆達多

36　妻子珍宝已抛来
採菓汲水送此身
求道志気古如是
吾何人兮謾逡巡

妻子珍宝、已に抛《なげう》ち来たり、
菓を採り水を汲んで、此の身を送る。
求道の志気、古《えにしえ》是の如し、
吾何人ぞ、謾《みだ》りに逡巡せん。

「経に、釈迦は妻子や財宝を捨てて法を求め、阿私仙《あしせん》を師として修行をした折には、木の実を採り、水を汲んで命を繋いで来たとある。仏道を求める人の志気とは、昔から、このように厳しいものであった。さて、自分はどんな人間であるといえるだろうか。ぐずぐずと無駄な時間を過していてはならない。」

この偈は良寛の自戒のように読めますが、同道の衆への訓告でもあると思います。

37　昔日阿私今提婆
是一是二与人看
天王十号縦有勅
他是奈利苦聚人

昔日の阿私と今の提婆《だいば》、
是れ一か是れ二か、人に与えて看せしむ。
天王にして十号あらんと、縦《たと》え勅《みことのり》あるも、
他《かれ》は是れ、奈利苦聚《なりくじゅ》の人。

「経には又、昔に釈迦が師とした阿私仙は、今の提婆達多《だいばだった》であるという。さて、この両者は一人なのか二人なのか、人が分かるようにして見せてもらいたい。経では又、提婆は将来、天王仏になって、仏の十号の尊称を得ると授記されている。しかし、自分は、提婆は釈迦を害そうとした悪人であって、地獄に落ちて苦聚する者であると思うよ。」経では提婆の悪業には触れずに、作仏の記を授けているだけです。しかし、良寛がこの偈のように言うのは何故でしょうか。「法華讃」の同様の偈には、「生姜というものは何時まで経っても辛いものである。」という意味の著語が付いています。

「法華経」が、提婆の作仏を説いたことは、暗に、悪人成仏を説いたもので、後に出て来る、女人成仏の教えと共に、この経典の斬新さのように思われます。しかし、良寛には、禅の宗旨に基づく、別の見解があるようです。

38　劫説刹説微塵説
海中唯説妙法華

劫説、刹説、微塵説、
海中唯だ説く、妙法華。

八才竜女頓成仏　　八才の竜女、頓に成仏し、
雪眉老僧頻嘆嗟　　雪眉の老僧、頻りに嘆嗟す。

「法華の教えというものは、無限の時間を通し、あらゆる国土において、又、微塵の世界に及んで説かれている。そこで、経には、文殊師利は海中の竜宮でも、唯だ、この妙なる法華の教えを説いていたとある。そして、この教えを聞いた八才の竜王の娘が、刹那の間に成仏したとある。ところが更に、八才の竜女の成仏に対して、眉が雪のように白くなった老僧、即ち、智積《ちしゃく》や舎利弗《しゃりほつ》が、それは話が違うと言って、頻《しき》りに嘆いたとある。」

従来の経典では、女人は成仏出来ないと説かれていましたので、老僧は話が違うと言って嘆いたのですが、良寛は、何も嘆くことはないよと言って、次の偈に続けます。

ところで、「法華讃」でもそうでしたが、良寛は、この提婆達多品に多くの偈を詠んでいます。この偈以降に見られますように、特に竜女の成仏に関して、多くを詠んでいます。これは、男女をもって仏道成就の差別をすることを厳しく戒めていたからと思います。

39
一果明珠賈大千　　一果の明珠、賈《あたい》大千、
持献仏陀記蒼卒　　持して仏陀に献ず、記《なん》んと蒼卒《そうそつ》なる。
師資妙契奉与納　　師資妙契《みょうかい》す、奉と納と、
誰人到此間容髪　　誰《たれ》人か此間に到って、髪を容《い》れんや。

「経には更に、老僧の嘆嗟を聞いた竜女が、宇宙にも等しい値打のある明珠を仏に捧げたとある。これは何と

素早い行為であろうぞ。この竜女の奉と仏の納というところに、師と資との妙契が成立したのであって、此処には、誰かが髪の毛を差し入れる程の隙間も無いのである。」

40　相好誰人良不有
休以男女謾匹等
等閑随分容些々
当処南方無垢境

相好、誰人《たれ》か良《まこと》に有らざらん、
男女を以って謾《みだ》りに匹等することを休めよ。
等閑《なおざり》に、分に随って些々《ささ》を容《い》るれば、
当処、南方無垢《むく》の境。

経では、釈迦が竜女の明珠を受け取ると、竜女は瞬時に男子に転身して、南方無垢の世界へ行き、仏の三十二相と八十種好を得たとあります。それに対して良寛はこの偈によって、持ち前の法華説法を展開しています、「三十二相と八十種好が仏に備わっているというが、相好の備わっていない人などいるであろうか。ましてや、男と女の差をもって安易に仏道成就の差別を論じてはならない。只だ、囚われの無い気持で、各々の在るがま、の素質に随って日々を過しているならば、そこが、そのま、南方にあるといわれている極楽浄土の世界なのである。」

41　竜女欲呈無珠
鷲子将弁喪辞
閑庭寂々葉落
遼空嗷々雁啼

竜女、呈せんと欲して珠無く、
鷲子《しゅうす》、将に弁ぜんとして、辞《ことば》を喪《うしな》う。
閑庭寂々《せきせき》として、葉落ち、
遼空嗷々《ごうごう》として、雁啼く。

前の偈に続いて、更に、この偈で、法華の端的が明解に示されます。

「この世界を諸法の実相に照らして観るならば、竜女が釈迦に呈するような特別な珠などは無いのである。又、鶖子、即ち、舎利弗が『女人は成仏が出来ない。』と言おうとしても、そんな言葉も元々この世界に存在しないのである。それでは、この世界の諸法実相はどうかといえば、閑《のど》かな庭では、ひっそりと音も無く葉が落ち、又、遥か彼方の空では、喧《かまびす》しく雁が啼いて渡って行くというだけである。」

この、「葉が落ち、雁が啼く。」という、在りのまゝの姿が法華であると言って、長い提婆達多品の提唱を閉じていると思います。

勧持

42　獅子嚬呻出窟時　　獅子、嚬呻《ひんしん》して窟を出ずる時、
百獣為隊何処之　　百獣、隊を為して何処へか之《ゆ》く。
柳弄緑花弄紅　　柳は緑を弄し、花は紅を弄す、
付嘱有在復何思　　付嘱有在《あ》り、復《ま》た何をか思わん。

「獅子が呻《うめ》きながら洞窟を出て行く時には、百獣は群れを成して逃げるという。それでは、菩薩等が法華を説くという時には、それを迫害しようとした外道等は、一体、何処へ逃げるであろうか。仏の滅後といえども、柳は緑を成し、花は紅を成すという、諸法の在り方は、変ることが無いのである。仏の付嘱があったからといって、それをどう思ったら良いものやら。」

私は、この偈を訳してみて、全体の意味の流れが繋がりませんでした。

経の勧持品《かんじほん》では、菩薩等が仏の滅後の悪世の中で、外道等によって如何なる迫害、危難を受けても、それに耐え忍んで弘経に勤めると請願しています。しかし、この品には、仏の付嘱の話は出て来ません。

又、この偈の四句目は、「法華讃」では、後の嘱累品《ぞくるいほん》の偈にあります。

従って、良寛は、何か思い違いをしているかもしれません。

安楽行

43　三世雄与七仏師
　　廻途垂手太殷勤
　　寄語諸方同道子
　　暫時莫措行与願

三世の雄と七仏の師と、
廻途《かいと》し垂手《すいしゅ》するに、太《はなは》だ、殷勤《おんごん》。
語を寄す、諸方同道の子、
暫時も行と願とを措《さしお》くこと莫れ。

経の安楽行品《あんらくぎょうほん》では、文殊師利が、後の悪世では、どのようにして経を説いたら良いかを問い、釈迦が、それに答えて、身・口・意・請願の四安楽行について詳しく説いています。

「三世の雄といわれる釈迦と、七仏の師といわれる文殊菩薩とが、経の中の問答によって、衆生済度の為に慈愛の手を差伸べて下さっている。何と、ご丁寧なことであろうか。そこで、自分からも諸方の同道の衆に申し上げたい。折角、説いて頂いた四安楽行の行と請願とを、片時も怠ることのないように、と。」

44
納僧命脈祖師髄
片時不有同死人
任重路遠通塞際
勉哉四安楽行仁

納僧《のうそう》の命脈《みょうみゃく》、祖師の髄、
片時《へんじ》も有らざれば、死人に同じ。
任重く路遠し、通塞《つうそく》の際、
勉めよや、四安楽行の仁。

「禅僧が延々と相続してこられた慧命、即ち、祖師方の真髄が、少しの間でも跡絶えるならば、人は死んだも同然になってしまう。責任重大で、しかも達成の道程は遠い。更に、今、正に仏法が衰亡の危機に直面している。さあ、四安楽行を誓った衆よ、その実践に勉めなされ。」

このように言いながら、良寛自身も弘法に勉めていたと思います。

45
雖然別不呈於色
乃昼乃夜光粲然
輪王不護髻中珠
只是人天能受遅

然も別に色を呈せずと雖《いえど》も、
乃昼乃夜《だいちゅうだいや》、光粲然たり。
輪王は護らず、髻中《けいちゅう》の珠、
只だ是れ人天、能く受くるに遅し。

経では、法華を説くことは、転輪聖王が髻《もとどり》の中に明珠を蔵《かく》していて、大きな功績のあった者にだけに与えるようなものであると述べています。

しかし、良寛には、この譬え話に納得出来ずに、この偈を詠んでいます。

「明珠は、特別に、これという色がある訳ではないが、昼夜に亘って粲然たる光を放っているのである。しかも、その珠は転輪聖王が髻の中に護っているのではなく、只だ、衆生が修行を怠っている為に、それを受け取ることが出来ないでいるのである。」

明珠、即ち、法華とは、我々の身の回りの事柄であるから、良く修行をして、早く掴みなさいと言っていると思います。

五百弟子品の偈では、良寛は衣内の明珠を、自己本具の仏性の意味に取っているようです、と書きましたが、この品の明珠も同じ意味に捉えているかもしれません。

従地涌出

46
従地涌出万千々　　地従り涌出す、万千々、
皆是大衆唱導選　　皆是れ大衆《だいしゅ》唱導の選。
欲讃如来寿量長　　如来の寿量の長きを讃えんと欲して、
故今逸多立問端　　故《ことさ》らに今、逸多をして、問端を立しむ。

経の従地涌出品《じゅうじゆじゅつほん》では、他の国から集って来た菩薩衆も仏の滅後に「法華経」を護持すると申し出ますと、釈迦は、この娑婆世界には無数の菩薩が居て、彼等がこの経を弘めると言って、地下から無数の菩薩を涌き出させます。「地下より涌き出て来た菩薩衆は、その数が幾千万にも及んだ。彼等は皆、大衆を仏道に唱導する為に選ばれた者達である。釈迦がこの菩薩衆を涌き出させた訳というのは、如来の寿命が無量であることを讃嘆したいが為に、殊更に、逸多、即ち、弥勒菩薩に、菩薩衆を涌き出させた謂れを問わせる為の機会を与えたものである。」

このように言ってから、次の偈で弥勒の問いを述べています。

47　乃往曽経淤諸州
　　不見一人似這回
　　所従国土与名号
　　為我一一説将来

乃往《むかし》曽経《かつ》て、諸州に淤ぶも、
一人《いちにん》の這回《このたび》に似たるを見ず。
従りきたれる所の国土と名号と、
我が為に一々、説き将《も》ち来たれ。

「自分は、昔、曽って、諸国を放遊して来たが、この度、涌き出したような菩薩衆は一人も見たことが無かった。どうか、彼等が来られた元の所の、国土や名号を、私の為に一つ一つ説明して頂きたい。」

この47の偈の内容は、経の中に書かれている弥勒菩薩の問いの内容と、ほとんど同じです。しかし、この前の46の偈では、経文とは違った内容が幾つか述べられています。先ず、経では、地下に居る時に大衆の唱導の首であった菩薩衆を、良寛は、この娑婆世界で大衆を唱導する為に選ばれた者達と言っています。次に、無数の菩薩衆を地下から涌き出させた訳は、弥勒に、その謂れを問わせる為と言っています。即ち、その問いの答として、如来の寿命が無量であることを讃嘆しようとする演出であると言っています。そして、47の偈の弥勒の問いに対しては、何も答を述べていません。このように、この品についての良寛の見解を、はっきりと掴むことは難しいのですが、又、「法華讃」と合せて読みますと、余りにも奇想天外な「法華経」の演出が、良寛にはお気に召さないようです。従って、弥勒の問いに対しては、「そんなことを聞いても、正しい答は出て来ませんよ。」と言っているように思われます。

如来寿量

48　日可冷月可熱
如来寿量不可算
雖我等亦列席末
苦哉有目不能見

日は冷やかならしむ可く、月は熱からしむ可くとも、
如来の寿量は算《かぞ》う可からず。
我等亦た、席末に列《つら》なると雖も、
苦なる哉《かな》、目有れども見ること能わず。

「お日様が冷たくなって、お月様が熱くなってしまう、ということが起きたとしても、如来の寿命を数えて、今の世にはもう居られない、などと考えてはならない。我等凡夫は、仏道の末席に列なっていながらも、ちゃんと目が有るのに、今、此処に居られる如来を見ることが出来ないとは、全く悲しいことである。」

経の如来寿量品《にょらいじゅりょうほん》は、前の品の弥勒の問いに答えて、如来の寿量が無量であることを説くものです。その中で、如来が入滅するのは、衆生済度の為の方便であると言って、良医が、その子供達の病を薬で癒す譬えが述べられています。

しかし、良寛のこの偈では、経とは全く別の表現で如来の寿命が無量であることが説かれています。尚、ここに、我等とありますが、これは良寛の謙遜で、未だ仏法の本質が分からないでいる、同道の衆への励ましと読みたいです。

49　有時説有々時無
又示払子又拄杖
霊山説法凡幾般

有る時は有《う》と説き、有る時は無、
又は払子を示し、又は拄杖《しゅじょう》。
霊山の説法、凡そ幾般《いくはん》ぞ、

這回喚作仏寿量　　這回《このたび》喚んで、仏寿量を作す。

「或る時は有と説き、或る時は無と説いたりする。又は払子を振って法座で説法をし、又は拄杖を携えて説法行脚に出る。このように、霊鷲山で説かれた釈迦の仏法は、一体どれ程の方法で説かれてゆくのであろうか。経の、この品では、又、ご丁寧にも、仏の寿命は無量であると説いて下さる。」

経では、釈迦が成仏したのは無量無辺の遠い昔のことであると述べていますが、良寛は、この前の従地涌出品と同じように、この品も、お気に召さないようで、この偈は、経文に対する揶揄のように読み取れます。

50
為度顛狂之稚子　　顛狂の稚子《ちし》を、度さんが為に、
留在好薬至他郷　　好薬を留め在《お》きて、他郷に至る。
待渠毒気都消尽　　渠《かれ》が毒気、都《す》べて消え尽きるを待って、
始知色香不尋常　　始めて知る、色香の尋常ならざるを。

「法華讃」の同種の偈には「服すると服さざるとは医の咎に非ざるなり。」という著語が付いています。経の譬えでは、良医は他国で死んだと詐《いつわ》って、狂った子供に薬を飲ませる話になっていますが、良寛はこの著語で、子供が薬を飲むか飲まないかは、医者の責任ではないと言っています。従って、この偈を次のように訳してみました。

「経には、毒を飲んで気の狂ってしまった幼い子供達を救う為に、父の良医は良く効く薬を残して、他国へ行ってしまったとある。しかし、この薬が色香の尋常でない良薬であることが分かる為には、子供等の毒気が全て

消え尽きるのを待つしかないのである。」

経の良医の話は、如来の寿命が不滅であると説くと、衆生が安心して驕慢な心を起こすから、如来は入滅すると説くことの、方便の譬えです。

良寛はこの偈で、世間の毒気に当たって、迷いや煩悩に煩わされた者は、自分で、その毒気を消し去る努力をしなければ、仏法の本質を掴むことは出来ないと言っていると思います。

分別功徳

51 一念信解福無量
沢也兼修於六度
若見斯人散香華
生々世々契値遇

一念の信解《しんげ》も、福無量、
況んや也た、兼ねて六度を修せんをや。
若し斯の人を見ば、香華を散じ、
生々世々、値遇を契《ちぎ》れ。

「経では、仏の寿命が長遠《ちょうおん》であることを聞いて、一念の信解を起こせば、それによって得る福徳は無量であると言う。況《ま》してや六波羅蜜《ろっぱらみつ》を修した人の福徳に至っては尚更であろう。もしも、そのような人を見たならば、香華を散じて、生れ代わる世々においても、この人に遇うことが出来るようにと契りを結びなさい。」

経では、般若《はんにゃ》（智慧）波羅蜜《はらみつ》を除く、五波羅蜜（布施、持戒、忍辱、精進、禅定）を行じても、その人の功徳は、一念信解を生じた人の功徳には到底及ばない、と言っています。

しかし、良寛は、般若を含めた六波羅蜜を修した人の福徳の方を称えています。

六波羅蜜を修した人とは、先の六種の徳目を実践した菩薩を指していますが、良寛が仏法護持に勤める菩薩衆を、如何に高く評価していたかが、この偈から窺われます。

随喜功徳

52 有経于此名法華　経有り、此《ここ》に法華と名づく。
好勧一人為聴侶　好し、一人を勧めて聴侶と為すに、
五十展転随喜功　五十展転せる随喜の功。
我今為君子細説　我今、君が為めに、子細に説く。

「此処に、法華と名付けられた、お経がある。この経の中では、この経を一人の人に勧めて聞かせると、この人は喜んで、更に他の人にこの経を説き、このように展転として第五十番目の人に至っても、その人の得る功徳は無量であると言う。そこで自分も君の為にその功徳を子細に説いて差し上げよう。」

この品の偈はこれだけで、君の為に説くと言った功徳は、何も述べてはくれません。

「法華讃」の同じ偈には、「女房が頻りと自分の侍女の名前を呼ぶのは、別に用事は無いが、只だ、近くに居る旦那に、自分が居ることを認めさせたい為である。」という意味の著語を置いています。良寛は、この著語で、「経では功徳をくどくどしく並べ立てているが、その言わんとするところを、確《しっか》りと掴むことが大事なのである。はて、分かったかな。」と、言っているように思えました。

法師功徳

53　灯篭眼与露柱耳
即是父母所生身
知境泯時全体現
前後三三日清新

灯篭の眼と露柱の耳と、
即ち是れ、父母所生の身なり。
知境泯《みん》ずる時、全体現す、
前後三三、日に清新なり。

「生命の無い物の象徴といわれる、お寺の灯篭や露に晒された円柱にも、各々、眼とか耳とかが付いていて、周囲の事象を確りと見聞きしているのである。これが即ち、父母から生まれた身体の六根というものである。主観と客観という認識を取り払った時に、灯篭の眼や露柱の耳が見聞きするような、諸法実相の全体が明らかになって来る。そうした中でこそ、前後無量、清新な日々を送ることが出来るのである。」

経では、「法華経」を護持、弘経する法師が得る六根の功徳を延々と述べていますが、良寛はこの偈で、六根の働きを禅的な解釈で見事に言い表していると思います。

即ち、私達が生まれながらに身に付けている六根の、眼耳鼻舌身意は、元々、物事の在り方を在るがまゝに捉える機能を備えているのに、主観に囚われて、その機能を見失っていることを教えてくれている、と読みました。

常不軽菩薩

54　天上人間那所似

天上人間、那《な》んの似たる所ぞ、

半堪笑半堪悲　　半ばは笑うに堪えたり、半ばは悲しむに堪えたり。
今日雖纔成正覚　　今日纔《わず》かに正覚を成ずと雖も、
尚恋但行礼拝時　　尚お恋う、但《ただ》礼拝を行ぜし時を。

「経に、遠い昔、常不軽菩薩《じょうふきょうぼさつ》の居られた所に、増上慢の比丘が大勢居たとある。天上界も人間の世界も、何処でも、まあ何と似たものであろうか。これは可笑《おか》しくもあり、又、悲しみに堪えないことでもある。経では更に、この菩薩は、今では正覚を得て、仏に成られたと言う。しかし、仏に成られてからも、昔、只だ四衆を礼拝していた時を慕っておられたであろう。」

55　但行礼拝劫又劫　　但《ただ》礼拝を行ず、劫又た劫、
皆当作仏談不談　　皆当に仏と作るべしと、談じて談ぜず。
好箇風流老僧伽　　好箇の風流、老僧伽《そうぎゃ》、
陌上布袋是同参　　陌上《はくじょう》の布袋《ほてい》、是れ同参。

「常不軽菩薩は、長い長い間、只だ、四衆を礼拝する行を実践して来られた。その時に『皆当に仏と作るべしと。』と唱えられたが、その唱えには拘りが無かった。当に、この自在な老僧の行事こそは、風流そのものであった。これは、昔、中国で、市街に出て乞食《こつじき》をしながら、衆生済度を行って居られた布袋様と、全く同じ菩薩道なのである。」

56　朝行礼拝暮礼拝　　　朝《あした》に礼拝を行じ、暮にも礼拝す、
但行礼拝送此身　　　但礼拝を行じて、此の身を送る。
南無帰命常不軽　　　南無帰命常不軽、
天上天下唯一人　　　天上天下、唯一人《ゆいちにん》。

「常不軽菩薩は、朝といわず、晩といわずに、只だ、四衆を礼拝しながら生涯を過して来られた。この菩薩こそは、天上天下に、只だ、お一人という素晴らしいお方である。そこで自分は、掌《てのひら》を合せて『南無帰命常不軽。』と、お唱えするのである。」

以上、この品に詠まれた良寛の偈を三首、通して読んで来ました。

経の常不軽菩薩品では、その昔、像法《ぞうほう》の時に、増上慢の比丘が大勢居たが、その中に、常不軽という菩薩の比丘が居て、彼は、常に比丘等の四衆を礼拝、讃嘆して「汝等は皆、菩薩の道を行じて、当に仏と作る。」と言ったと、述べています。

ここで、像法の時とは、釈迦の滅後に、仏法の教説と、その実践は残っているが、それによって証《さとり》を得ることは無い、といわれる時代を言います。

又、四衆とは、比丘、比丘尼、優婆塞《うばそく》、優婆夷《うばい》、即ち、出家した男僧と尼僧、及び、在家の男と女の信者を言います。

先にも、良寛は、仏法の伝授に勤める菩薩衆を高く評価していた、と書きましたが、特に、この常不軽菩薩は、市街に出て、衆生済度に身を投じた菩薩として、深い敬意を抱いていたようです。恐らく、良寛の後半の生涯は、この常不軽菩薩の行事が原点ではなかったでしょうか。

如来神力

57　爾時世尊現神力
無数光明照大千
衆宝樹下獅座上
諸仏如来亦復然

爾《そ》の時世尊、神力を現じ、
無数の光明、大千を照らす。
衆《もろもろ》の宝樹の下の獅座の上、
諸仏如来も亦《また》復然り。

経の如来神力品《にょらいじんりきほん》では、菩薩達が釈迦の滅後に「法華経」を説くと誓った時、釈迦は大神力を現わし、この神力を以ってしても、経の功徳を説き尽くすことは出来ないと言って、この経の重大な四つの要点を説いています。良寛のこの偈は、経の、この品の初めの部分と、ほとんど同じ内容を述べているだけで、それに続く、四つの要点については触れていません。

「経には、菩薩達が釈迦の滅後の弘経を誓った時、釈迦は神通力を現わして、無数の光明で三千大千世界を照らし出されたとある。すると、宝樹の下の獅子座に居られた多くの諸仏も、皆、釈迦と同じ神通力を現わしたともある。然り。然り。」

良寛は、経の重大な四つの要点を説くことよりも、この偈の終りを「然り。然り。」と言い切ることによって、この世界の諸法の実相においては、諸仏も衆生も皆、同じ神通力を備えていると言われているのではないでしょうか。

嘱累

58　年老心孤嘱後事　　年老い心孤にして、後事を嘱す、
一回挙著一回悲　　一回挙著すれば、一回悲し。
此意此情能委悉　　此の意、此の情、能く委悉せよ、
其子其人勿遅疑　　其の子、其の人、遅疑すること勿れ。

経の嘱累品《ぞくるいほん》では、釈迦が無量の菩薩達の頂《いただき》を摩《な》でて、法の流布を三度に及んで付嘱《ふぞく》することが説かれています。「年を取ると心が孤独になって、滅後のことを委嘱《いしょく》しなければならなくなる。経には、釈迦は三度、菩薩達の頂を摩でて法の流布を付嘱されたとあるが、一回付嘱される度毎に、悲しい想いをされていたのである。さあ、同道の衆よ、この釈迦の心情を、良く良く汲み取って、一刻も、この法の流布に、遅れを取ってはならないのである。」

この偈には、仏法流布に勤める菩薩衆の任の重さに対する、良寛の想いが強く打ち出されていると思います。「法華讃」には、今、一つの偈が謳われて、それに「お前様にも一本の杖を差し上げましょうぞ。」という意味の著語が置かれていることも、大変に趣があると思います。

薬王菩薩

59　曾参妙法慕旧因　　曾《か》って妙法に参じて、旧因を慕う、
烈火堆裏投此身　　烈火堆裏《たいり》に此の身を投ず。

投此身再得完全　　投じた此の身、再び完全を得る、
能幾人　　能《よ》く幾人かある。
咄　　咄《とつ》。

「経には、薬王菩薩《やくおうぼさつ》は、彼の前身の時に、その時に居られた仏から『法華経』を説いて頂いた旧因を慕って、烈火に身を投じて焼身供養を行ったが、その身は完全に元に戻ったとある。さあ、この菩薩のように、仏法護持の請願を強く抱いた者が幾人居るであろうか。同道の衆よ、確《しっか》りしなされ。」

この偈の三句目までは経の内容を述べていますが、終りの句からは、良寛の薬王菩薩に対する敬慕の情の深さが窺《うかが》えます。

ところで、この焼身供養の話では、良寛の有名な長歌「月の兎」が思い出されます。私は始めてこの長歌を読んだ時には、思わず目に涙が浮かんだことを覚えています。

妙音菩薩

60　曾奉妓楽感此身　　曾《か》って、妓楽を奉じて、此身を感ず、
一華才発一華媚　　一華才《わず》かに発《ひら》いて、一華媚《うつく》し。
一華媚　　一華媚し、
従是万事付游戯　　是れ従《よ》り万事、游戯《ゆげ》に付す。
参　　参《さん》。

「経には、妙音菩薩《みょうおんぼさつ》は、昔に、ある仏を妓楽をもって供養し、その後も無量の諸仏を供養して徳本を殖《う》えたとある。そして、その功徳によって、自在に身を変じることの出来る神通力を得たとある。ところで、僅かに一輪の花が開いただけで、その一輪の花は実《まこと》に美しいものである。この美しい花のように、妙音菩薩が諸々の衆生に合せて、自在に身を変じて衆生を済度されている、そのお姿の一つ一つも、又、実に媚《うつく》しいものである。このような、一輪の花の美しさや、菩薩が衆生済度をされている、そのお姿の媚しさを感じることから、全ての物事に、自在に感応出来るようになるのである。さあ、同道の衆よ、妙音菩薩の媚しい行事に参じなされ。」

大分、言い回した解釈になってしまいましたが、如何でしょうか。経文には全く述べられていない、菩薩の媚しさを謳った良寛に、感性の豊かさを覚えます。

観世音菩薩普門

61　慣捨西方安養土
五濁悪世侘此身
就木々就竹々
全身放擲多劫春
脚下金蓮扎水泥
頭上宝冠委埃塵
乃往一時楞厳会
以他妙吉選疎親

西方安養土を捨つるに慣れて、
五濁悪世に此の身を侘《ひ》く。
木に就けば木、竹に就けば竹、
全身放擲す、多劫の春。
脚下の金蓮、水泥を扎《ひ》き、
頭上の宝冠、埃塵に委《まか》す。
乃往一時《むかしあるとき》、楞厳会《りょうごんえ》において、
他の妙吉を以って、疎親を選ばしむ。

森々二十五大士
特於此尊称嗟頻
南無帰命観世音
大喜大捨救世仁

森々たる二十五大士、
特に此の尊に於いて、称嗟頻りなり。
南無帰命観世音、
大喜大捨、救世の仁《ひと》。

「観世音菩薩《かんぜおんぼさつ》は、本《もと》の西方極楽浄土をあっさりと投げ捨て、五濁悪世の娑婆世界に身を置いて、衆生済度に勤めて下さっている。

そのご様子と言えば、木に関われば木に成り切り、竹に関われば竹に成り切って、我が身の全身を投げ打って、永い季節の移ろいを過して来られた。

脚元の座である金色の蓮の花は、その根が娑婆の泥水に浸かっており、煌《きら》びやかであった頭上の宝冠には、又、娑婆の塵埃が積もったまゝである。

『楞厳経』には、昔、ある時の説法会の折に、文殊師利菩薩が、仏法に最も親しい者を選ばされたとある。

その時、威厳に満ちた二十五の大菩薩衆の中から、文殊は、特別に、此の観世音菩薩を選んで讃嘆したのである。

自分も同じように、慈悲深い観世音菩薩に心から帰命し、大いなる喜びをもって全てを投げ捨て、世を救って下さるお方よと、奉るのである。」

62　風定花尚落　　風定まって、花尚お落ち、

鳥啼山更幽
観音妙智力
千古空悠々

鳥啼いて、山更に幽なり。
観音妙智力、
千古空にして悠々たり。

「風が吹き止んでも、尚、花は散り続け、
鳥が啼いても、山は一層に淋しいのである。
これぞ観音妙智の力量と言うが、この自然の姿、実相は、遠い古《いにしえ》より、在りのまゝに、ゆったりと弛《たゆ》たえているのである。」

前の61の偈では、経文に無い、良寛独自の麗辞をもって、観世音菩薩を崇め奉っています。

しかし、この62の偈では、観世音菩薩とは、「風定まって、花尚お落ち、鳥啼いて、山更に幽なり。」という、自然の本当の姿を感得出来るようになった時の、君自身のことであると言って、読者を励ましているのではないでしょうか。

仏教経典の中や、お寺の伽藍には、釈迦牟尼仏を始め、未来仏の弥勒如来や、西方の阿弥陀如来、等々、沢山の如来や菩薩が居られます。この内、釈迦は歴史上の実在の人物ですが、他の如来や菩薩は、皆、釈迦の説かれた仏教を敬い、弘めようとした信者や教団の創作によることを、良寛を契機とした仏教の学習を通して、始めて知ることが出来ました。今の時代では、仏教の教理も学術的に解明されていて、その気になって関連の書物を漁りますと、それなりの知識は誰にでも得ることが出来ると思います。しかし、良寛の時代はどうであったでしょうか。その道に疎い私には、詳細は分かりませんが、良寛は、今から見れば限られた条件の基で、仏教の本質を、確りと捉えた、その時代の希有の人ではなかったでしょうか。しかも、只だ、仏教が分かったというだけではなく、それを他の人達にも弘めようとしたところに、良寛の偉大さがあると思います。今もそうですが、仏教を一般の人達に理解してもらうということは、並み大抵のことではなかったと思います。それを、難しい説法もしないで、自身の行動だけで弘法を実践した生き様は、観世音にも等しい菩薩道ではなかったでしょうか。

話が私見に逸れてしまいましたので、残り少なくなった良寛の作品に戻ります。

陀羅尼

63 二種天王降法筵
十箇羅刹掃災障
是此諸法実相印
率土物不遵行

二種の天王、法筵《ほうえん》に降り、
十箇の羅刹《らせつ》、災障を掃う。
是れは此れ、諸法実相の印、
率土《そつと》の物、遵行《じゅんぎょう》せざらんや。

「経には、毘沙門《びしゃもん》と持国《じこく》の、二人の天王《てんのう》が法座に降り参じ、十人の羅刹女が各々、陀羅尼《だらに》神呪《しんじゅ》を唱えて、『法華経』を護持する者の障害を取り掃《はら》ったとある。この陀羅尼こそは、諸法実相の印《しるし》であって、この国土にあって、陀羅尼を敬わず、従わない人や物は無いのである。」

私には、陀羅尼の真意が理解出来ていませんが、良寛は、この偈で、仏法護持者の障害を掃うと言う、天王や羅刹女を賛嘆しているようです。又、陀羅尼を諸法実相の印とする句は経文には有りません。良寛独自の解釈でしょうか。

64 凡聖同居羅刹并
各説神呪鎮争競

凡聖同じく居り、羅刹を并《あわ》せ、
各おの神呪を説いて、鎮《とこしな》えに争競す。

若以人情判仏法　　若し、人情を以って仏法を判ぜば、
果然頭破作七分　　果然として、頭破れて七分と作らん。

「前の偈で述べたように、経には、凡夫の天人と聖者の菩薩と、並びに羅刹女等が、皆、各々神呪を唱えて、経の受持者を保護する誓いを競い続けたとある。しかし、本当の仏法伝授の障害となるのは、凡夫が浅はかな情をもって仏法を判断することである。このような者は、羅刹女が言ったように、間違い無く、頭が破裂して、ばらばらになってしまうであろう。」

後の二句は、良寛にしては大変に激しい口調に思います。仏法を碌《ろく》に知らない私が、このような書き物をしていること自体が、頭破れて七分と作ってしまうのではないかと恐れています。

妙荘厳王本事

65
転禍為福尋常事　　禍を転じて福と為すは、尋常の事、
棄邪帰正能幾人　　邪を棄てて正に帰するは、能く幾人ぞ。
従今日不随心行　　今日従り心行に随わじと、
是斯言也可書紳　　是れ斯の言、也《ま》た紳《しん》に書す可し。

「禍を転じて福と為すとは、当たり前の事で、邪を棄てて正に帰すると言う人は、幾人居るであろうか。経の中に、妙荘厳王《みょうしょうごんおう》は『今日からは、心に随《まか》せては行《おこな》わじ。』と言ったとある。正に、この言葉こそは、礼服の大帯にで

も書き留めて置くべき素晴らしいものである。」
経のこの品は、婆羅門《ばらもん》の法を崇《あが》めていた妙荘厳王が、菩薩道の修行に専念していた二人の息子の導きによって「法華経」に帰依するに至った故事を述べたものです。しかし、良寛は、その内容には触れずに、妙荘厳王が仏に誓った「今日からは、心に随せては行わじ。」という言葉のみを、ずばりと取り上げています。これは前の品の偈64の中にある「人情を以って仏法を判ずる。」という言葉の裏返しです。この二つの偈から、良寛の仏法に対する領解の要点を窺い知ることが出来るのではないでしょうか。

普賢菩薩勧発

66
幾回生幾回死　　幾回か生じ、幾回か死す、
生死悠々無窮極　　生死悠々として、窮極無し。
今遇妙法飽聞知　　今妙法に遇うて、飽くまで聞知す、
当知普賢威神力　　当に知るべし、普賢《ふげん》威神力。

「釈迦が始めて説かれた仏道は、その後、幾度も繁栄と衰退とを繰り返して来て、止《とど》まることが無い。そうした中で、今でも、この妙法に巡り合えて、飽くる迄、聞知することが出来るのは、正に、法の受持者の守護を誓った、普賢菩薩の威神力によるものである。」
この偈では、仏道が今日まで続いているのは、普賢菩薩のお陰であるように謳っていますが、「法華讃」の同様の礙の4句目は「什麼人《なんびと》の力ぞ。」と、読者に問い掛けた形になっています。

良寛は、単に普賢菩薩が法の受持者を守護して来たというのではなく、菩薩衆、即ち、祖師方が、普賢の威神力をもって、綿々と仏法の受持を続けて来られたお陰である、と言われていると思います。

67　孟夏日永草庵裡　　孟夏、日永し、草庵の裡《うち》、
八軸分陀舒又巻　　八軸の分陀《ぶんだ》、舒《の》べ又巻く。
非道敢発揮宗要　　敢えて宗要を発揮せんと道《い》うには非ず、
聊染禿筆供疎嬾　　聊さか禿筆を染めて疎嬾《そらん》に供す。
沙門良寛　　沙門良寛

「初夏ともなると日が永い。そこで、粗末な草庵の中で、八巻の『法華経』を広げたり巻いたりしながら、この『法華転』を作った。しかし、これは別に仏法の宗旨を弘める為というものではない。只だ、禿《ち》びた筆を執って、物臭の気休めとしたものである。

沙門良寛」

「あとがき」に当たるこの偈には、羞じらいにも似た謙遜が感じられます。しかし、「法華讃」には「良寛」の署名が有りませんが、この「法華転」の終りには、堂々とした「沙門良寛」の署名が置かれています。

沙門とは、出家して仏道を修める人のことですが、この作品は、良寛自らが、出家僧としての意識をもって作られたと思います。そして、この「法華転」こそは、良寛の自信に満ちた作品であって、道元の「正法眼

蔵」にも並ぶ、我が国の数少ない、簡にして要を得た、崇高な仏典の一つと言えるのではないでしょうか。

良寛の詩集を読む

はじめに（良寛の自筆詩集の考察）

良寛の自筆詩集は数種が伝わっています。
「墨美」第二一〇号「良寛草堂詩集（天）」昭和四十六年五月十五日発行
「墨美」第二一三号「良寛草堂詩集（地・人）」昭和四十六年八月十五日発行
「墨美」第八九号「特集良寛」昭和三十四年八月一日発行に「細楷詩書巻」の部分として十七首の五言詩が載っています。
「草堂集貫華」の名前を持つ自筆詩集の墨蹟が、前に並べた三つの墨蹟と共に「良寛墨蹟大観　第一巻　漢詩篇（一）」に載ります。他にも、以上とは別のものと思われる自筆詩集の断簡が所々の愛好家や記念館などに伝わっています。

そして、最後の自筆詩集と思われている「草堂集」の原本は行方が知れず、その写本といわれる「良寛尊者詩集」が、二〇〇二年八月一日に（株）考古堂書店より復刻出版されています。

従来、「良寛草堂詩集」は天・地・人の三巻で構成されていると解されていますが、墨蹟の体裁を見ますと、「天巻」は「地巻」及び「人巻」とは別様です。「天巻」は「草堂詩集」と書かれた表紙に三首の五言詩が細字で書かれており、次紙には和歌が七首書かれていますが、終わりの部分が切れていますので、後何枚かがあったでしょう。次の紙面には「雑詩」と題し、以降に百十首の五言詩が載ります。但し、最後の詩は終わりの部分が切れていますので、ここにも後何枚かがあったでしょう。更には題を持った詩を綴った紙面も有ったかもしれません。元々墨蹟には「天巻」、「地巻」、「人巻」の文字は無く、後人が付した名前です。そして、「地巻」及び「人巻」と呼ばれている詩集は、五言の雑詩と有題詩とに分けて編集されたもので、「天巻」とは独立した詩集と思われます。「地巻」の冒頭に「雑詩五十首」と書かれていますが、墨蹟には五十三首が載り、最後の詩の末尾が欠けていますので、原本には何首あったかも分かりません。

「草堂集貫華」の墨蹟にも後人の手による数箇所の欠落がありますので、自筆原本と違っていることが残念です。「墨美」で「細楷詩書巻」と紹介された詩集は、その後に「小楷詩巻」の題で三十六首の五言詩で完結した詩集として扱われて来ました。これも末尾の墨蹟半紙は中間で切られたことが分かりますので、本来は五十首程の五言詩を雑詩集として編集されたものと思います。そして、この詩巻は「草堂集貫華」の雑詩の三首目以降と、詩の内容及び順序が大変に良く似ていますので、「草堂集貫華」の姉妹編として作られたようです。

最後の自筆詩集といわれる「草堂集」の原本が行方不明であることは本当に残念ですが、その完全な写本といわれる「良寛尊者詩集」は貴重な資料です。

以降、原詩に「良寛尊者詩集」をテキストとして、良寛詩の鑑賞を試みます。原詩の下に、詩の意味が読み取れるように気を配りながら、私流に作った読み下し文を並べました。その下は、難解と思える語句の簡単な註釈です。各作品に、私の所感などを述べましたが、詩訳は載せないことにしました。

1　円通寺

従来円通寺　幾回経冬春
門前千家邑　乃不識一人
衣垢手自濯　食尽出城闉
曾読高僧伝　僧可可清貧

円通寺《えんつうじ》

円通寺に来《きた》りて従《よ》り　幾回か冬春《とうしゅん》を経《へ》たる
門前は千家《せんか》の邑《まち》　乃《しかる》に一人を識らず
衣に垢つけば手もて自《みずか》ら濯《すす》ぎ　食が尽くれば城闉《じょういん》に出《い》づる
曾《かっ》て高僧《こうそう》の伝を読むに　僧は清貧《せいひん》に可《か》なる可《べ》しと

「草堂集貫華《かんげ》」と呼ばれている良寛自筆詩集の最初に載る同趣の詩とは、第二聯《れん》と第三聯とが逆になっていますが、この詩の方が、意味の通りが良いと思います。又、第二聯の後の句の「乃《だい》」は「草堂集貫華」では「更《こう》」とあって、一般には「更《さら》に」と読まれていますが、良寛は「かえって」か「あらためて」の意味に使っていたのではないでしょうか。そして、この詩の「乃」をこれまでは「乃《すなわ》ち」と読まれていますが、良寛は最後に纏めたこの詩集では「しかるに」の意味でこの字に改めたと思います。円通寺の眼下に広がる玉島《たましま》は海運港として開け、問屋や仲買人などの店や倉庫が軒を連ねる繁華な町でした。従って、これ等の裕福な町民達は円通寺の護持に勤めたのですが、良寛自身は直接彼等の庇護を受けることなく、仏道修行に専念していた様子が窺えます。

この詩を詩集の冒頭に置くことによって、良寛が円通寺を出て以降に清貧の生き様《よう》を選んだ意志を明らかにしたものと思います。

2　伊勢道中苦雨作　二首

我従発京洛　倒指十余支
無日雨不零　如之何無思

伊勢道中《いせどうちゅう》にて雨に苦しんでの作　二首

我《われ》京洛《けいらく》を発して従《よ》り　指を倒せば十余支《じゅうよし》なり
日に雨の零《ふ》らざるは無く　之《これ》に如何《いかん》ぞ思い無からん

十余支：十日余《あま》り

鴻雁翅応重　桃花紅転垂
舟子暁失渡　行人暮迷岐
我行殊未半　引領一嚬眉
且如去年秋　一風三日吹
路辺抜喬木　雲中揚茅茨
米価為之貴　今春亦若斯
若斯倘不止　奈何蒼生罹

鴻雁《こうがん》の翅《つばさ》は応《まさ》に重かるべく　桃花《とうか》は紅《くれない》にして転《うた》た垂《た》れる
舟子《しゅうし》は暁《あかつきわたり》に渡を失い　行人《こうじん》は暮に岐《ちまた》に迷う
我が行《こう》は殊《こと》に未だ半ばならず　領《うなじ》を引いて一《いっ》に眉を嚬《ひそ》む
且《か》つ去年の秋の如《ごと》きは　一風《いっぷう》が三日吹き
路辺の喬木《きょうぼく》を抜き　雲中《うんちゅう》に茅茨《ぼうし》を揚げる
米価は之《これ》が為に貴《たか》く　今春も亦《また》斯《か》くの若《ごと》し
斯《か》くの若《ごと》く倘《も》し止《や》まずんば　蒼生《そうせい》の罹《うれ》いは奈何《いかん》せん

これと同趣の詩も「草堂集貫華」の二番目に「信州道中」と題して載っています。この詩集で「伊勢道中」に改めた良寛の意図は何でしょうか。これまでは、この詩を寛政八年（一七九六）ころに良寛が帰郷する折りの作品とされていますが一考を試みたいです。

日本史の本には、天明二年（一七八二）は連年の不作で、春より夏まで長雨が続き、諸国に洪水。天明三年には各地で一揆が多発、浅間山が噴火、未曾有《みぞう》の凶作とあります。

東郷豊治氏は「新修　良寛」に、菅江真澄《すがえますみ》の旅日記「くめじの橋」に真澄は天明四年の七月一日に信州松本の湯の原で国仙《こくせん》と逢い、三日にも再会したと記しているが、もしや、その時良寛が随行していなかったであろうかと述べています。又、冨澤信明氏は、良寛は天明四年七月以降に江戸へ向かった国仙一行と高崎辺りで別れて、故郷出雲崎へ向かったものと考えられると述べ、これを良寛の諸国行脚《しょこくあんぎゃ》の始まりと言われています。

更に、ある良寛年賦には天明五年に亡母の三回忌に一時帰郷かとあります。

これらのことから、この詩は天明四～五年に独りで諸国行脚をしていた折りに詠まれたものと推測出来ないでしょうか。そして、結句から、未だ修行中の良寛が、己《おのれ》が旅で苦労していることよりも、蒼生《そうせい》、即ち、庶民が難儀していることに心を痛めていた優しい気持ちを読み取ることが大切であると思います。

3 投宿破院下　孤燈思凄然
旅服孰為乾　吟咏聊自寛
雨声長在耳　欹枕到暁天

破院《はいん》の下《もと》に投宿して　孤燈《ことう》に思い凄然《せいぜん》たり
旅服《りょふく》は孰《いつ》か乾きを為さん　吟咏《ぎんえい》して聊《いささ》か自ら寛《くつろ》ぐ
雨声《うせい》は長く耳に在り　枕を欹《そばだ》てて暁天《ぎょうてん》に到る

この詩は「伊勢道中」での二首目ですから、凄然とした寂しい独り行脚の折りの作品ですが、良寛は仏道修行の段階から詩作に勤《いそ》しみ寛いでいたことが読み取れます。

4
投宿
投宿古寺裏　終夜倚虚窓
清寒夢難結　坐待五更鐘

投宿
古寺《こじ》の裏《うち》に投宿し　終夜を虚窓《きょそう》に倚《よ》る
清寒《せいかん》に夢は結び難く　坐《ざ》して五更《ごこう》の鐘を待つ

五更：午前四時頃

この詩も独り行脚の折りに詠まれた作品と解釈されます。少年時代から禅に参じたと、自らが言う良寛ですから、この頃には坐禅が確《しっか》りと身に着いていたようです。

5 暮投閑々舎　暮れに閑々舎《かんかんしゃ》に投ず

自従一破家散宅　南去北来且過年
一衣一鉢訪君家　復是凄風疎雨天

一たび破家散宅《はかさんたく》して自従《よ》り　南去北来《なんきょほくらい》して且《しばら》く年を過ごす
一衣一鉢《いちいいっぱつ》もて君が家を訪えば　復是《またこ》れ凄風疎雨《せいふうそうう》の天

写本には、詩の題に「真木山」の書入れがあり、岩波文庫「訳註　良寛詩集」には、閑々舎は真木山村原田鵲齋《じゃくさい》が中島に転居する前の家とあります。従って、この詩は、天明五年に亡母の三回忌に一時帰郷をした折り、少年時代の三峰館の学友を訪ねての作ではないでしょうか。

6

旅夜聞沙鶏
居諸荏苒春為秋　僧舎蕭条白露滋
沙鶏当窓終夜織　不為貧道挂一絲

旅の夜に沙鶏《さけい》を聞く
居諸荏苒《きょしょじんぜん》として春は秋と為り　僧舎《そうしゃ》は蕭条《しょうじょう》として白露《はくろ》滋《しげ》し
沙鶏は窓に当って終夜《しゅうや》織《お》れども　貧道《ひんどう》が為には一絲《いっし》を挂《か》けず

写本には題の沙鶏に「ハタオリムシ」の書入れがあり、「広辞苑」に「はたおるむし」をキリギリスの異称とあります。居諸荏苒は月日の過ぎ易いことで、蕭条はひっそりと物寂しい意味です。独り行脚の折りに宿を借りた寂しい僧舎の窓辺で、キリギリスが夜通し鳴いていることを、機織虫《はたおりむし》が夜通し機を織っているが自分の為には一本の糸も掛け渡してはくれないと詠む、良寛の機知が味わい深いです。

良寛は「伊勢道中」からこの詩まで、天明四年に国仙と別れて行脚に廻った折りの厳しくて寂しい旅行《たびゆ》きを詠んだ作品を纏《まと》めたものと解釈しますと、この詩集の編集の意図がはっきりします。

高橋庄次氏は「良寛伝記考説」で、良寛が宗龍《そうりゅう》禅師に相見《そうけん》した時期を天明五年と記しておられることも参考になると思います。良寛はこの時二十八歳でした。

7　再遊善光寺

曾随先師遊此地　回首悠々二十年
門前流水屋後嶺　風光猶似旧時妍

再び善光寺《ぜんこうじ》に遊ぶ

曾《かっ》て先師《せんし》に随い此の地に遊ぶ　首を回《めぐ》らせば悠々《ゆうゆう》二十年
門前の流水《るすい》も屋後《おくご》の嶺も　風光は猶《なお》旧時の妍《けん》に似たり

この詩は円通寺での修行を終えて越後に帰える折りの作品といわれ、二十年の句から帰郷の年代が議論されて来ました。しかし、ここは詩の調子を整えるものと解して、数字には拘らないで良いと思います。

8　余将還郷至伊登悲駕波
不預寓居于客舎聞雨
凄然有作

一衣一鉢裁随身　強扶病身坐焼香
一夜蕭々幽窓雨　惹得十年逆旅情

余《よ》は将《まさ》に郷に還らんとして糸魚川に至り
不預《ふよ》にして客舎《かくしゃ》に寓居《ぐうきょ》するに雨を聞き
凄然《せいぜん》として作有り

一衣《いちい》と一鉢《いっぱつ》を裁《わず》かに身に随う　強いて病身を扶《たす》け坐《ざ》して香を焼く
一夜蕭々《いちやしょうしょう》たり幽窓《ゆうそう》の雨　惹《ひ》き得たり十年逆旅《げきりょ》の情《じょう》を

道元を開祖とする曹洞宗の基本行事「祇管打坐《しかんたざ》」を身に着けた良寛の姿が窺えます。この詩も十年の数字に拘らないで味わいたいものです。

9　暁

二十年来郷里帰　旧友零落事多非

暁《あかつき》

二十年来《らい》にて郷里に帰る　旧友は零落して事《こと》も多く非なり

夢破上方金鐘暁　　空床無影燈火微

夢は上方の金鐘《きんしょう》に破れる暁に　　燈火は微《かす》かにして空床《くうしょう》に影無し

帰郷して間も無いころの作品と思えるこの詩と同趣で、「還郷作」の題を持つ詩が有り、そこでは「多くは是《こ》れ北邙山下《ほくぼうさんか》の人」即ち、多くの人が墓の下に眠っていると詠まれています。果たして旧友とは誰をいうのでしょうか。又、「上方金鐘」も具体的な寺の名前は分かりません。以上、円通寺での修行、諸国行脚、還郷の途次《とじ》、還郷に亘《わた》った、艱難《かんなん》、寂寥の情が強い作品が続きました。

10　今夕

今夕風光稍和調　　梅花当軒月半規
主人乗興掃瑤席　　坐客含毫臨清池
経年孤舟江湖夢　　一夜洞房琴酒期
他日交情若相問　　十字街道窮乞児

今夕《こんゆう》

今夕に風光は稍《やや》和調し　　梅花《ばいか》は軒に当って月は半規《はんき》なり
主人は興に乗じて瑤席《ようせき》を掃《はら》い　　坐客《ざかく》は毫《ふで》を含んで清池《せいち》に臨む
経年《けいねん》の孤舟《こしゅう》には江湖《こうこ》の夢か　　一夜洞房《とうぼう》に琴酒《きんしゅ》の期《とき》は
他日《たじつ》に交情を若《も》し相《あい》問わば　　十字街道《じゅうじがいとう》の窮乞児《きゅうこつじ》なり

帰郷して暫く後の少し落ち着いたころに、旧知の朋友から梅花を愛《め》でる宴の席に招かれた折りの詠みと思います。「経年の孤舟」は幾年にも及んだ諸国行脚の良寛自身のことで、奥まった清らかな座敷で詩歌《しいか》を作り合い、琴を聴き、お酒が振舞われる半月の一夜に、漸《ようや》く抱かれた安堵の趣が感じられます。しかし、それも束《つか》の間《ま》、以降は、巷《ちまた》に遊ぶ貧しい乞食《こつじき》僧が己《おのれ》の生き様《よう》ですよという自負を見逃してはならないと思います。

11　春夜与友人歩月
到田舎途中口号
朦朧春夜月　携手歩遅々
忽驚人語響　水禽鼓翼飛

春夜に友人与《と》月に歩《あゆ》んで
田舎《でんしゃ》に到り途中で口号《くごう》する
朦朧《もうろう》たり春夜の月　手を携えて歩み遅々たり
忽《たちま》ち人語《じんご》の響きに驚き　水禽《すいきん》が翼《つばさ》を鼓《う》って飛ぶ

旧友との再交を歓《よろこ》ぶ作品が続き、良寛の好きな月も二首に詠み込まれています。水鳥を驚かして申し訳が無いという、如何にも良寛らしい心使《こころづか》いが味わい所でしょう。

12　秋日与天花上人
遊雲崎
夫人之在世　汎如水上蘋
誰容心其際　有縁非無因
振錫別親故　挙手謝城闉
衲衣聊補破　一鉢知幾春
偶愛草堂静　薄言消佳辰
同調復相得　誰論主与賓
風高松千丈　霜冷菊幾輪
把手青雲外　相忘寂寞浜

秋日《しゅうじつ》天花《てんげ》上人《しょうにん》与《と》
雲崎《うんき》に遊ぶ
夫《そ》れ人之《の》世に在るは　汎《はん》たる水上の蘋《うきくさ》の如《ごと》し
誰《たれ》か心を其の際《きわ》に容《い》れん　縁《えん》有るは因《いん》無きに非ず
錫《しゃく》を振って親故《しんこ》に別れ　手を挙げて城闉《じょういん》を謝《しゃ》す
衲衣《のうい》の聊《いささ》か破れしを補《おぎな》い　一鉢《いっぱつ》は幾春なるを知んぬ
偶《たまたま》草堂《そうどう》の静《せい》を愛し　薄《いささ》か言《ここ》に佳辰《かしん》を消す
同調を復相《またあい》得たり　誰か主与賓《しゅとひん》とを論ぜん
風は高し松は千丈　霜は冷《ひや》やかにして菊は幾輪も
手を青雲の外《ほか》に把《と》って　寂寞《じゃくまく》の浜に相《あい》忘れる

佳辰：吉日

詩題の雲崎は出雲崎のことで、そこにある浄玄寺《じょうげんじ》の住職であった智現《ちげん》に良寛の末の妹みかが嫁《か》しています。天花上人はこの智現であると言う人と、智現の養父であると言う人との見解があります。智現の養父は良寛が五十五歳の時に亡くなっていますが、良寛に、親しく交わった天花上人の物故を詠んだ作品が残っていませんので、私には天花上人は智現であると思われます。又、みかは二十一歳で三十四歳の智現に嫁したという説と、夫々が二十七歳と四十歳の時という説があります。良寛とみかとは十九歳違いで、智現は良寛より六歳年下です。そして、智現は本山東本願寺で嗣講《しこう》を務めた学僧であったそうで、妹みかとの婚儀が縁で良寛との交流が始まったと思います。詩の中の「偶《たま》ま草堂の静を愛し　薄《いささ》か言《ここ》に佳辰《かしん》を消す」の句から、この作品は、良寛が国上山《くがみやま》の五合庵に定住し始めた頃のものと思います。その頃にも時々は出雲崎の西照坊《さいしょうぼう》に仮住まいをしていて、天花上人と日本海を望み、時の過ぎるのを忘れて語り合った情景が想像されます。

13　藤氏別館

去城二三里　適伴樵采行
夾路青松直　隔谷野梅香
我来若有得　卓錫即吾郷
池古魚竜戯　林静白日長
家中何所有　詩書竟長床
縦情緩衣帯　摘句聊為章
晩歩東廂下　春禽殷云翔

藤《とう》氏の別館

城を去ること二三里　適《たまたま》樵采《しょうさい》に伴《ともな》われて行く
路を夾《はさ》んで青松《せいしょう》直《なお》く　谷を隔てて野梅《やばい》香る
我来《われきた》れば得る有るが若《ごと》く　錫《しゃく》を卓《た》つれば即ち吾が郷なり
池は古《ふ》りて魚竜《ぎょりゅう》が戯れ　林は静かにして白日《はくじつ》も長し
家中《かちゅう》に何《なん》の有る所ぞ　詩書が長床《ちょうしょう》に竟《わた》る
情を縦《ほしいまま》にして衣帯《いたい》を緩め　句を摘んで聊《いささ》か章を為す
晩に東廂《とうしょう》の下《もと》を歩めば　春禽《しゅんきん》は復云《またここ》に翔《かけ》る

写本の詩題の下に「新発田在」と書き込まれています。齋藤氏の別荘が在ったといわれる、新発田市五十公野《いじみの》の「新発田市ふるさと会館」庭前に平成七年に建てられた本詩の抜粋詩碑があります。ここに良寛が訪れて、実際の風景と状況を踏まえてこの詩を詠んだと思え、寛《くつろ》いだ気分が味わえます。

14　秋夜宿香聚閣
　早倚檻眺

日夕投精舎　盥瀬拝青蓮
一燈照幽室　万像倶寂然
鐘声五夜後　梵音動林泉
東方漸已白　泬寥雨後天
涼秋八九月　爽気磨山川
宿露凝陰壑　初日登層巒
宝塔虚空生　金閣樹抄懸
絶巘灑飛流　積波接遥天
杳々問津客　汎々競渡船
洲渚何微茫　杉檜翠可餐
伊昔貴遐異　足跡殆将遍
如今遊此地　佳妙信難宣
孰取香聚界　置之予目前

秋の夜に香聚閣《こうじゅかく》に宿《しゅく》し
　早《つと》に檻《かん》に倚《よ》りて眺《なが》む

日の夕べに精舎《しょうじゃ》に投じ　盥瀬《かんそう》して青蓮《しょうれん》を拝す
一燈《いっとう》が幽室《ゆうしつ》を照らし　万像《ばんしょう》は倶《とも》に寂然《じゃくねん》なり
五夜《ごや》の鐘声《しょうせい》の後に　梵音《ぼんおん》は林泉《りんせん》を動かす
東方は漸《ようや》く已《すで》に白く　泬寥《けつりょう》たり雨後《うご》の天
涼秋《りょうしゅう》の八九月《はちくがつ》　爽気《そうき》は山川《さんせん》を磨《みが》く
宿露《しゅくろ》は陰壑《いんがく》に凝《とどま》り　初日《しょじつ》が層巒《そうらん》に登る
宝塔《ほうとう》は虚空《こくう》に生じ　金閣《きんかく》は樹抄《じゅびょう》に懸かる
飛流《ひりゅう》は絶巘《ぜっけん》に灑《そそ》ぎ　積波《せきは》は遥天《ようてん》に接す
杳々《ようよう》たり津《わたしば》を問う客　汎々《はんぱん》たり渡《わたり》を競う船
洲渚《しゅうしょ》は何ぞ微茫《びぼう》たる　杉檜《さんかい》の翠《すい》を餐《くら》う可《べ》し
伊《こ》れ昔は遐異《かい》を貴《たっと》び　足跡《そくせき》は殆ど将《まさ》に遍《あまね》し
今の如《ごと》きは此の地に遊び　佳妙《かみょう》は信《まこと》に宣《の》べ難し
孰《たれ》か香聚界を取りて　之《これ》を予《よ》が目前に置けるや

盥瀬：手洗い口漱《すす》ぎ
遐異：遠くの他郷

俯仰一世表　孤咏聊成篇
帰期無奈何　長途忽心関
人間有虧盈　再来定何年
欲去且彷徨　卓錫思芒然

一世《いっせい》の表《おもて》を俯仰《ふぎょう》し　孤咏《こえい》して聊《いささ》か篇《へん》を成す
帰期《きき》を奈何《いかん》ともする無く　長途《ちょうと》が忽《たちま》ち心に関わる
人間《じんかん》に虧盈《きえい》有り　再来は何《いず》れの年にか定めん
去らんと欲して且《しばら》く彷徨《ほうこう》し　錫《しゃく》を卓《た》てて思い芒然たり

俯仰：見回す
虧盈：損益、盛衰

良寛には珍しい景観の賛歌で、正に墨絵の世界を彷彿《ほうふつ》させる作品です。これと同趣で「也奈伊津《やないづ》香聚閣に宿し早く興《お》きて眺望す」の題を持つ遺墨を刻した詩碑が、昭和六十一年に福島県柳津の「きみが丘公園」に建てられました。そして釈文で「良寛法師の晩年柳津を訪ね云々」とあるそうです。しかし、同趣の長詩は「草堂詩集　地巻」にも載っていますので、良寛の国上山時代には詠まれていた作品と思います。前の「藤《とう》氏の別館」の詩は新発田で詠まれたものですが、良寛は、その足で山越えをして柳津を訪れていたという推測は如何でしょうか。良寛の足跡を辿《たど》ることの難しさが感じられます。尚、柳津に立つ詩碑の遺墨は「良寛記念館」が蔵しています。

15　春暮
芳草凄々春将暮　桃花乱点水悠々
我亦従来忘機者　悩乱風光殊未休

春の暮れ
芳草凄々《ほうそうせいせい》たり春将《まさ》に暮れんとし　桃花乱点《とうからんてん》して水悠々《ゆうゆう》たり
我《われ》も亦従来忘機《またもとよりぼうき》の者　風光に悩乱《のうらん》して殊《こと》に未だ休まず

16　看花到田面庵

花を看て田面庵《たのもあん》に到る

桃花如霞夾岸発　春江若藍接天流
行看桃花随流去　故人家在水東頭

桃花《とうか》霞の如く岸を夾《はさ》んで発《ひら》き　春江《しゅんこう》藍《あい》の若《ごと》く天に接して流れる
行《ゆ》く桃花を看て流れに随って去る　故人の家は水の東頭《とうとう》に在り

この詩の題に「有願老人住處也」の書き入れがあります。前の詩と共に、良寛が新飯田《にいだ》の中の口川に沿って広がる桃畑を通って有願《うがん》禅師の居られた田面庵《たのもあん》を訪ねた折りの作品であることが分かります。特に「春暮」は秀作で、二聯《れん》の「私は、もとより分別の心を忘れて無心無作を心掛けた者であるが、未だこの風光には悩乱させられて心が休まない。」という良寛の本音に接すると、読む人の心が温まると思います。

17　夏夜

夏夜二三更　竹露滴柴扉
西舎打臼罷　三径宿草滋
蛙声遠還近　蛍火低且飛
寤言不能寝　撫枕思凄其

夏の夜

夏の夜の二三更《にさんこう》に　竹露《ちくろ》は柴扉《さいひ》に滴《したた》る
西舎《せいしゃ》は臼《うす》を打ち罷《や》み　三径《さんけい》に宿草《しゅくそう》が滋《しげ》る
蛙声《あせい》は遠く還《ま》た近く　蛍火《けいか》は低く且《か》つ飛ぶ
寤《さ》めて言《ここ》に寝《い》ぬる能《あた》わず　枕を撫《な》でて思い凄其《せいき》たり

凄其：寂しい

出雲崎の西照坊《さいしょうぼう》の前には、今も田圃《たんぼ》が広がり、蛙《かわず》が鳴き、蛍も飛び交います。又、隣には良寛が何かとお世話になった南波家が在ります。この詩はこの庵《いおり》で詠まれたのではないでしょうか。

18　秋暮

秋気何蕭索　出門風稍寒
孤村烟霧裏　婦人野橋辺
老鴉聚古木　斜雁没遥天
唯有緇衣僧　立尽暮江前

秋の暮れ

秋気は何《なん》ぞ蕭索《しょうさく》たる　門を出《い》ずれば風稍《やや》寒し
孤村《こそん》は烟霧《えんむ》の裏《うち》に　婦人は野橋《やきょう》の辺《ほとり》に
老鴉《ろうあ》は古木《こぼく》に聚《あつ》まり　斜雁《しゃがん》は遥天《ようてん》に没す
唯だ緇《し》衣の僧有りて　立ち尽くす暮江《ぼこう》の前に

蕭索：ものさびしい
緇衣：黒い衣、袈裟

緇衣の僧は良寛自身のことで、「夫々《それぞれ》に帰るべき塒《ねぐら》が在るが、唯だ自分だけは別に帰らなければならない所は無いよ。」と、己《おのれ》を客観視できるところに良寛の本質を感じます。

19　和天花上人除夜韻

人世可憐過隙駒　年々債蔵積成場
唯慣明朝新迎歳　不省玄鬢化為霜
河畔楊柳枝先動　嶺頭梅花未放香
愧欠扶揺九万翼　謾学鳴鳳在彼岡

天花上人《てんげしょうにん》の除夜《じょや》の韻《いん》に和《わ》す

人世《じんせい》は憐れむ可《べ》し隙《げき》を過ぐるの駒　年々債蔵《さいぞう》は積りて場《ば》を成す
唯だ明朝《みょうちょう》新に歳を迎えるに慣れ　玄鬢《げんびん》化して霜と為るを省みず
河畔の楊柳《ようりゅう》は枝が先ず動き　嶺頭《れいとう》の梅花《ばいか》は未だ香を放たず
愧《はず》らくは扶揺《ふよう》九万の翼を欠き　謾《みだ》りに鳴鳳彼《めいほうか》の岡に在るを学ぶ

春、夏、秋、冬と季節を追った作品の配列に、良寛がこの詩集に寄せた想いが感じられます。そして、この詩では良寛の好きな「荘子」冒頭の文を引いて謙遜していますが、贈られた天花上人はご満悦でしょう。天花上人の詩は分かりませんが、以前にも度々贈られていたのでしょうか「年々債蔵《さいぞう》積りて場を成す」の句が面白いと思います。更に、結句の「鳴鳳彼《めいほうか》の岡に在る」は「詩経」の句を引いたものですが、良寛の博学が堪能できます。

20　春夜対雪懐友人

春宵夜将半　殊覚寒侵肌
地炉孰添炭　浄瓶手慵移
除々整衣裳　軽々推柴扉
千岩同一色　万径絶人行
傍竹密有響　占梅欲尋香
寥々孤興発　与孰慰平生
所思在天末　援翰聊馳情
愧非陽春調　謾汚高人聴

春夜雪に対して友人を懐《おも》う
春宵《しゅんしょう》の夜も将《まさ》に半ばならんとし　殊《こと》に寒さの肌《はだえ》を侵すを覚《おぼ》える
地炉《じろ》に孰《たれ》か炭を添えん　浄瓶《じょうびん》を手にて移すに慵《ものう》し
除々に衣裳を整え　軽々《けいけい》と柴扉《さいひ》を推《お》す
千岩は同じく一色《いっしょく》　万径《ばんけい》に人行《じんこう》が絶《た》ゆる
竹に傍《よ》れば密《ひそ》かに響が有り　梅を占《と》うて香《かおり》を尋ねんと欲《ほっ》す
寥々《りょうりょう》として孤興《ひとりこう》を発し　孰与《たれと》平生《へいせい》を慰めん
思う所は天末《てんまつ》に在り　翰《かん》を援《ひ》いて聊《いささ》か情《じょう》を馳《は》す
愧《は》ずらくは陽春の調《ようしゅんしらべ》に非ずして　謾《みだ》りに高人《こうじん》の聴《ちょう》を汚《けが》さんことを

平生：日頃の生活
天末：遥か遠い所

友人とは誰でしょうか。或いは自分の本当の想いを知ってくれる人の居ないことの寂しさを詠んだものでしょうか。ここは知人が今は遠く離れていて逢うことの出来ない寂しさを詠み、最後の聯を添えたことは、この詩を書簡に認《したた》めて、実際に知友に贈ったようにも思われます。

21　左一赴至

呼々一居士　参我二十年
其中消息子　不許別人伝

左一《さいち》の赴《ふ》至る
吁々《ああ》一居士《いちこじ》たり　我《われ》に参ずること二十年
其の中の消息子《しょうそくし》　別人に伝えるを許さず

呼：感動詞のああ、吁と同意

写本の題には「与板大坂亭」の書き込みがあります。良寛の幼い頃から交際があったといわれる三輪左一が、文化四年（一八〇七）良寛五十歳の時に亡くなり、この詩は、その訃報に接して詠まれたものですが、読み方と解釈は色々と分かれています。

「他の人と仏道を語り合っても意図が通じないが、左一一人《ひとり》は良く分った人であった」と解したいです。

22　聞之則物故　二首

人生百年内　汎若中流船
有縁非無因　誰置心其辺
昔与二三子　翺翔狭河間
以文恒会友　優游云極年
何況吾与子　嘗遊先生門
行則並車騎　止則同茵筵
風波一失処　彼此如天淵
子抽青雲志　我是慕金仙
子去東都東　我到西海藩
西海非我郷　誰能長滞焉
去々向旧閭　杳々凌雲端
聊得一把茅　占居国上巓
故園非疇昔　朝野多変遷
逢人問朋侶　挙手指高原
嗚咽不能言　良久涙連々

之則《ゆきのり》が物故《ぶっこ》するを聞きて　二首

人生は百年の内　汎《はん》たる中流《ちゅうる》の船の若《ごと》し
縁《えん》有るは因《いん》無きに非ず　誰か心を其の辺《あたり》に置かん
昔に二三子《しと》与　狭河《せばかわ》の間を翺翔《こうしょう》す
文を以て恒に友と会い　優游《ゆうゆう》と云《ここ》に年を極《きわ》む
何《なん》ぞ況んや吾与子《われとし》とは　嘗《かつ》て先生の門に遊ぶ
行くは則ち車騎《しゃき》を並べ　止まれば則ち茵筵《いんえん》を同じくす
風波《ふうは》一たび処《ところ》を失し　彼此《ひし》は天淵《てんえん》の如《ごと》し
子《し》は青雲《せいうん》の 志《こころざし》に抽《ぬき》んで　我《われ》は是《こ》れ金仙《きんせん》を慕う
子《し》は東都《とうと》の東に去り　我《われ》は西海《せいかい》の藩《はん》に到る
西海は我が郷《きょう》に非ず　誰か能《よ》く長く滞まらん
去り去りて旧閭《きゅうりょ》に向かい　杳々《ようよう》として雲端《うんたん》を凌ぐ
聊《いささ》か一把《いちわ》の茅《ちがや》を得て　居《きょ》を国上《くがみ》の巓《いただき》に占める
故園《こえん》は疇昔《ちゅうせき》に非ず　朝野《ちょうや》も変遷《へんせん》多し
人に逢って朋侶《ほうりょ》を問えば　手を挙げて高原《こうげん》を指す
嗚咽《おえつ》して言う能《あた》わず　良久《やや》しくして涙連々《れんれん》たり

翺翔：さまよう
茵筵：座席
金仙：仏陀の教え
疇昔：かって。疇は発声語
高原：墓所

昔為同門友　今為苔下泉
昔常接歓言　今為亡与在
三界何茫々　六趣実難論
釈之就道路　振錫望人烟
青松夾道直　宮観雲中聯
楊柳揺翠旗　桃花点銀鞍
市中当佳辰　往来何連綿
顧之非相識　安得不潜然

23
今日出城下　千門乞食之
路逢有識人　道子黄泉帰
忽聞只如夢　思定涙沾衣
与子自少子　往還狭河陲
不啻同門好　共有烟霞期
家郷分飛後　消息両夷微
当此揺落候　棄我何処之
聚散元有分　誰能永追随
吁嗟復何道　飛錫帰去来

昔は同門の友と為り　今は苔下《たいか》の泉と為る
昔は常に歓言《かんげん》に接し　今は亡与在《ぼうとざい》とに為る
三界《さんがい》は何《なん》ぞ茫々《ぼうぼう》たる　六趣《ろくしゅ》も実に論んじ難し
之《これ》を釈《す》てて道路に就き　錫《しゃく》を振って人烟《じんえん》に望む
青松《せいしょう》は道を夾《はさ》んで直《なお》く　宮観《きゅうかん》は雲中《うんちゅう》に聯《つら》なる
楊柳《ようりゅう》は翠旗《すいき》を揺がし　桃花《とうか》は銀鞍《ぎんあん》に点ず
市中の佳辰《かしん》に当り　往来は何《なん》ぞ連綿たる
之《これ》を顧みるに相識《あいし》るに非ず　安《いずく》んぞ潜然《せんぜん》たらざるを得ん

潜然：こっそり

今日城下に出《い》でて　千門に食《じき》を乞うて之《ゆ》く
路に有識《うしき》の人に逢えば　子《し》は黄泉《こうせん》に帰すと道《い》う
忽ち聞いて只夢の如《ごと》し　思い定《さだま》って涙が衣を沾《うるお》す
子与《しと》は少子自《よ》り　狭河《せばかわ》の陲《ほとり》に往還す
啻《ただ》に同門の好《よしみ》にあらず　共に烟霞《えんか》の期有り
家郷《かきょう》を分飛《ぶんぴ》して後　消息は両《ふたり》ながら夷微《いび》たり
此の揺落《ようらく》の候に当り　我《われ》を棄てて何処《いずこ》にか之《ゆ》く
聚散《しゅうさん》は元より分《ぶん》有り　誰か能《よ》く永く追随《ついずい》せん
吁嗟《ああ》復《また》何をか道《い》わん　錫《しゃく》を飛ばして帰去来《かいりなんいざ》

烟霞：深く山水を愛す
夷微：かすか
揺落：木の葉が揺れ落ちる

前の詩の題に「冨取氏」と書き込みがある冨取之則《とみとりゆきのり》は、良寛が大森子陽《おおもりしよう》の三峰館《さんぽうかん》で一緒に学んだ朋友でした。文化九年（一八一二）良寛が五十五歳の時に亡くなっています。それを知っての大作二首ですが、慷慨《こうがい》の念が深く感じられます。

先の「左一の赴《ふ》至る」の詩は「草堂集貫華」と「草堂詩集　地巻」とに載りますが、この二首はこの詩集に初めて出ますので、夫々《それぞれ》の詩集の編まれた年代を特定する参考になります。

24　再到田面庵

去年三月江上路　行看桃花到君家
今日再来君不見　桃花依旧正如霞

再び田面庵《たのもあん》に到る

去年の三月　江上《こうじょう》の路を　行くに桃花《とうか》を看て君が家に到る
今日再び来れば君は見えず　桃花は旧に依って正《まさ》に霞の如《ごと》し

25　秋日過一行上人故居

秋日無伴侶　杖策独彷徨
山空茱萸赤　江寒蒹葭黄
渡橋非他橋　升堂亦此堂
何意凄風暮　寂寞涙沾裳

秋日一行上人《いちぎょうしょうにん》の故居《こきょ》を過ぐる

秋日に伴侶《はんりょ》無く　策《つえ》を杖《つ》いて独り彷徨《ほうこう》す
山は空《むな》しく茱萸《しゅゆ》は赤く　江《かわ》は寒くして蒹葭《けんか》は黄なり　茱萸：ぐみ　蒹葭：よし
橋を渡るも他橋《たきょう》に非ず　堂に升《のぼ》るも亦《また》此の堂なり
何の意ぞ凄風の暮れに　寂寞《せきばく》として涙が裳《もすそ》を沾《うるお》すは

渡辺秀英氏の「良寛詩集」に、一行上人は新潟の寄居《よりい》町の人とあります。良寛には故人を偲んで「涙が裳を沾す」と詠む作品が多くあります。

26　有懐　四首

鵬斎倜儻士　何由此地来
昨日鬧市裏　携手笑咍々

懐《おも》い有りて　四首

鵬斎《ぼうさい》は倜儻《てきとう》の士　何に由《よ》ってか此の地に来たる
昨日は鬧市《どうし》の裏《うち》に　手を携えて笑い咍々《かいかい》たり

倜儻：卓異
鬧市：騒がしい町並み

鵬斎は文化六年（一八〇九）から八年まで越後、佐渡に来遊していて、良寛との交流は良く知られています。鵬斎が亡くなったのは文政九年（一八二六）で、良寛の晩年です。存命中の鵬斎を詠んだ作品を此処《ここ》に並べたのは、過っての交友を懐《なつ》かしんでのことでしょう。

27大忍俊利人　屡話僧舎中
自一別京洛　消息杳不通

大忍《たいにん》は俊利《しゅんり》の人　屡《しばしば》僧舎《そうしゃ》の中に話《かた》る
一たび京洛《けいらく》に別れて自《よ》り　消息は杳《よう》として通ぜず

大忍は良寛とは二十三歳年下で、同郷の出雲崎町に生まれて同町川西の双善寺《そうぜんじ》で剃髪しています。大変な学僧で、長じて二十五歳の時に京都で「無礙集《むげしゅう》」と題した詩集を出版していますが、三十一歳の若さで亡くなりました。良寛が五十四歳の時でしたが、この詩はその前の「無礙集」の出版を知った折りに、過って京都で語り合ったことを思い出しての詠みと思われます。この後、直ぐに大忍の死を知っての詠みが出てきます。

28左一大丈夫　惜哉識者稀
唯有贈我偈　一読一霑衣

左一《さいち》は大丈夫《だいじょうふ》なるも　惜しい哉識《し》る者は稀なり
唯だ我《われ》に贈る偈《げ》が有り　一読して一《いつ》に衣を霑《うるお》す

先に左一の訃報に接して詠んだ詩が有りましたが、左一の死を悼《いた》む詩はこの後にも出てきます。

29苦思有願子　平生如狂顛
自一逐逝波　于今六七年

苦《はな》はだ思う有願子《うがんし》を　平生《へいぜい》は狂顛《きょうてん》の如《ごと》しと
一《ひと》たび逝波《せいは》を逐《お》いし自《よ》り　今于《に》おいては六七年なり

有願は文化五年（一八〇八）に病気で亡くなっていますので、この詩の詠まれた年代が明らかになります。

30　病中
苦吟実如清秋虫
詩成自恠格調謾
世上今無大忍子
誰人為予防客難

病中
苦吟《くぎん》するは実に清秋《せいしゅう》の虫の如《ごと》し
詩が成って自《みずか》ら格調《かくちょう》の謾《みだ》りなるを恠《あや》しむも
世上《せじょう》に今は大忍子《たいにんし》無し
誰人《たれひと》か予《よ》が為に客難《かくなん》を防がん

この詩の内容は、大忍の著した「無礙集」の末尾に載る「読良寛道人偈」の漢文を踏まえたもので、それを読むと成る程と思えます。大忍は良寛と同郷に生まれた人でしたので、出雲崎町良寛景慕会等によって、これと同趣の詩碑が平成十四年に双善寺の境内に建てられました。又、碑面の真筆は良寛記念館が所蔵しています。

31　其二

左一棄我何処之　有願相次黄泉帰
空床唯余一枕在　遍界寥々知音稀

其の二

左一《さいち》が我《われ》を棄てて何処《いずこ》にか之《ゆ》き　有願《うがん》も相次《あいつ》いで黄泉《こうせん》に帰《き》す
空床《くうしょう》に唯だ一枕《いっちん》の在るを余《のこ》し　遍界《へんかい》寥々《りょうりょう》として知音《ちいん》は稀《まれ》なり

32　病起

一身寥々酖枕衾　夢魂幾回逐勝遊
今朝病起江上立　無限桃花逐水流

病《やまい》より起《た》つ

一身寥々《りょうりょう》として枕衾《ちんきん》に酖《ふけ》り　夢魂《むこん》は幾回か勝遊《しょうゆう》を逐《お》う
今朝病より起きて江上《こうじょう》に立てば　限り無き桃花《とうか》は水に逐《したが》って流る

春先に、国上山の五合庵で一人寂しく病床に臥《ふ》して、知音が相次いで亡くなったことを嘆いていましたが、漸く起ち得て里に下れば、桃花爛漫に巡り合って想い万感であったでしょう。

33　夢中問答

乞食到市朝　路逢旧識翁
問我師胡為　住彼白雲峰
我問子胡為　老此紅塵中
欲答両不道　夢破五夜鐘

夢の中の問答

食《じき》を乞いて市朝に到り　路に旧識の翁《おきな》に逢えば
我《われ》に問う師は胡為《なんすれ》ぞ　彼《か》の白雲の峰に住むやと
我《われ》は問う子《し》は胡為《なんすれ》ぞ　此《こ》の紅塵《こうじん》の中に老ゆるやと
答えんと欲するも両《ふたり》ながら道《い》わず　夢は五夜の鐘に破れる

良く知られた作品ですが、人が良寛を師と呼ぶことを自認していることに注目したいものです。

34

五合庵

策々五合庵　実如懸磬然
戸外杉千株　壁上偈数篇
釜中時有塵　甑裏更無烟
唯有東村叟　頻叩月下門

五合庵《ごごうあん》

策々《さくさく》たる五合庵　実《じつ》に懸磬《けんけい》の如《ごと》く然り
戸外には杉が千株《せんしゅ》　壁上《へきじょう》には偈《げ》が数篇のみ
釜中《ふちゅう》には時に塵有り　甑裏《そうり》には更に烟《けむり》無し
唯だ東村《とうそん》に叟《おきな》有りて　頻《しき》りに月下《げっか》の門を叩《たた》く

懸磬：がらんとして何も無い
甑裏：蒸し器の中

東村の叟は阿部定珍《あべていちん》（一七七九～一八三八）でしょうか。定珍は良寛より二十一歳年下ですが、国上山を降りた渡部の庄屋で酒造りも営み、良寛を厚く庇護して、交流も盛んでした。年少者に叟は合わないようですが、書簡には年少者にも何々老《なになにろう》の敬称を書きます。阿部家には沢山の良寛遺墨が伝わり、国の重要文化財に指定されていて、立派な遺墨集も出版されています。阿部定珍の他に、原田鵲斎《じゃくさい》（一七六三～一八二七）と解良叔問《けらしゅくもん》（一七六五～一八一九）が、良寛の庇護者として良く知られています。しかし、両者共住まいは五合庵から少し距離が有りますので、そちらには良寛の方から出掛けることが多かったと思います。近郊に庇護者や知友が大勢居たことに良寛の徳の深さを感じます。

35

古意　二首

東山明月出　楼上正徘徊
思君々不見　琴酒為孰携

古意　二首

東の山に明月出《い》でて　楼上《ろうじょう》を正《まさ》に徘徊する
君を思えど君は見えず　琴酒《きんしゅ》は孰《たれ》が為にか携えん

36 蕙蘭生庭階　馨香襲我堂
夙起采其英　采々盈衣裳
不辞衣裳沾　欲持貽清揚
清揚々々今焉在　山青水緑正断腸

蕙蘭《けいらん》が庭階《ていかい》に生じて　馨香《けいこう》が我が堂を襲う
夙《つと》に起きて其の英《はな》を采《と》り　采り采りて衣裳に盈《み》つる
衣裳の沾《うるお》うを辞せず　持して清揚《せいよう》に貽《おく》らんと欲す
清揚々々《せいようせいよう》よ今焉《いずく》にか在る　山青く水緑にして正《まさ》に断腸たり

蕙蘭：香りの良い蘭
清揚：教養のある人

これまでに朋友や故人を偲んだ作品が十数首続いていましたので、この二首も誰かを想っての作と思われますが、真意は読み切れません。使われている語句には「詩経」や李白等の古い漢詩に出典が有るそうですが、良寛には珍しく表現が抽象的に感じられます。

37 僧伽
落髪為僧伽　乞食聊養素
自見已如此　如何不省悟
我見出家児　昼夜浪喚呼
祇為口腹故　一生外辺鶩
白衣無道心　猶尚是可恕
出家無道心　如之何其汚
髪断三界愛　衣壊有相句
棄恩入無為　是非等閑作
我適彼朝野　士女各有作

僧伽《そうぎゃ》
髪を落として僧伽と為り　食《じき》を乞うて聊《いささ》か素《そ》を養う
自《みずか》ら見るに已《すで》に此《かく》の如《ごと》し　如何《いかに》か省悟《しょうご》せざらん
我出家《われしゅっけ》の児《じ》を見るに　昼夜《ちゅうや》浪《なだ》りに喚呼《かんこ》する
祇《た》だ口腹《こうふく》の為故《ためゆえ》に　一生外辺《がいへん》に鶩《は》しる
白衣の道心《どうしん》無きは　猶尚《なおなお》是れ恕《ゆる》す可《べ》くも
出家の道心《どうしん》無きは　之《これ》其の汚《お》なるを如何《いかん》せん
髪は三界《さんがい》の愛を断ち　衣は有相《うそう》の句を壊《やぶ》る
恩を棄てて無為《むい》に入るは　是《こ》れ等閑《とうかん》の作《さ》に非ず
我《われ》彼《か》の朝野《ちょうや》を適《ゆ》くに　士女《しじょ》に各《おのおの》作《な》す有り

不織何以衣　不耕何以哺
今称釈氏子　無行亦無悟
従費檀越施　三業不相顧
聚首打大話　因循度旦暮
外面逞殊勝　迷他田野嫗
謂言好箇手　呼嗟何日寤
縦入乳虎隊　勿践名利路
名利纔入心　海水亦難澍
阿爺自度爾　暁夜何所作
焼香請仏神　永願道心固
似爾如今日　乃無不抵捂
三界如客舎　人命似朝露
好時常易失　正法亦難遇
須着精彩好　母待換手呼
今我苦口説　竟非好心作
今自熟思量　可改汝其度
勉哉後世子　莫自遺懼怖

織《お》らざれば何を以てか衣《き》　耕《たがや》さざれば何を以てか哺《くら》わん
今 釈《しゃく》氏《し》の子《し》と称《しょう》し　行《ぎょう》無く亦《また》悟《さと》りも無し
従《いたず》らに檀越《だんおつ》の施《ほどこし》を費《ついや》して　三業《さんごう》を相顧《あいかえり》みず　三業：身口意の行為
首《こうべ》を聚《あつ》めて大話《たいわ》を打《だ》し　因循《いんじゅん》して旦暮《たんぼ》を度《わた》る　旦暮：朝夕
外面は殊勝を逞《たくま》しくして　他《た》の田野《でんや》の嫗《おうな》を迷す
言《われ》は好箇手《こうこしゅ》と謂《い》い　呼《あ》嗟《あ》何《いず》れの日にか寤《さ》めん
縦《たと》え乳虎《にゅうこ》の隊に入るも　名利《みょうり》の路《みち》を践《ふ》む勿《なか》れ
名利《みょうり》纔《わず》かに心に入れば　海水も亦《また》澍《そそ》ぎ難し
阿爺《あや》は爾《なんじ》を度《ど》して自《よ》り　暁夜《ぎょうや》に何を作《な》す所ぞ
香を焼《た》いて仏神に請い　永く道心の固《かた》からんを願う
爾《なんじ》が今日の如《ごと》くに似なば　乃《すなわ》ち抵捂《ていご》するは無からん　無不抵捂：不無抵捂か
三界《さんがい》は客舎《かくしゃ》の如し　人命は朝露に似たり
好時は常に失い易く　正法《しょうほう》は亦《また》遇い難し
須《すべから》く精彩を着けて好《よ》かるべし　手を換えて呼ぶを待つこと母《なか》れ
今我《われ》苦《ねんごろ》に口説《くぜつ》するは　竟《つい》に好心の作《さ》に非ず
今自《よ》り熟《つらつ》ら思量《しりょう》して　汝が其の度《ど》を改むる可《べ》し
勉《つと》めよ哉《や》後世《こうせい》の子《し》　自ら懼怖《くふ》を遺すこと莫れ　懼怖：おそれる

この詩は良寛を代表する作品として、和島の隆泉寺《りゅうせんじ》に建つ良寛墓碑に刻まれています。そして、以降の有題詩には、良寛が永い仏道修行を経て会得した良寛説法が続きます。しかし、この詩で良寛

良寛の意図が何であるかを読み解くための考察を試みました。その時の「草堂集貫華」に載る同趣の作品をテキストにした拙論を「良寛」44号に掲載して貰いましたので、ここでは所感を省きます。

39　翫珠吟　三首

有珠于此自終古　昼夜舒光照幽微
覓時須知君不委　要看即看母遅疑
親友示時窮子酔　龍女呈処老僧迷
阿呵呵　天上人間知不知

翫珠《がんしゅ》の吟《うた》　三首

此《ここ》に終古《しゅうこ》自《よ》り珠《たま》が有り　昼夜に光を舒《の》べて幽微を照らす
覓《もとむ》る時須《すべか》らく君が委《すて》ざるを知り　看《み》んと要《ほっ》せば即ち看よ遅疑する母《なか》れ
親友の示す時に窮子《ぐうじ》は酔い　龍女《りゅうじょ》が呈《てい》する処に老僧は迷う
阿呵呵《あかか》　天上人間《てんじょうじんかん》に知るや知らずや

40休問崑岡兼合浦　明珠唯在吾方寸
光蔽日月超方隅　彩射眼睛難正視
失之永劫淪苦海　得之登時游彼岸
我今殷勤呈示也　不奈諸人不敢薦

崑岡兼合浦《こんこうとかごうほ》と問うを休めよ　明珠《みょうしゅ》は唯だ吾が方寸《ほうすん》に在り
光は日月を蔽《おお》て方隅《ほうぐう》を超え　彩《いろどり》は眼睛《がんせい》を射て正視し難し
之《これ》を失えば永劫《えいごう》苦海に淪《しず》み　之《これ》を得れば登時《とうじ》に彼岸《ひがん》に游ぶ　登時：即時
我《われ》今殷勤《いんぎん》に呈示《ていじ》するも　諸人《しょじん》の敢《あえ》て薦《とら》ざるは奈《いか》んともせず

41也太奇々々々　古兮今兮作者稀
誰道和氏拾崑丘　欲笑相如謾指疵
従来不仮琢磨功　容易認得親施為

太奇也々々々《はなはだきなりはなはだきなり》　古《いにしえ》も今も作者は稀なり　也太奇：甚《はなは》だ珍しい
誰か道《い》う和氏《かし》が崑丘《こんきゅう》に拾うと　笑わんと欲《ほっ》す相如《しょうじょ》が謾《あざむ》いて疵《きず》を指すを
従来琢磨《たくま》の功《こう》を仮《か》らず　容易に認得《にんとく》して親しく施為《しい》せよ　施為：行為

雖然照幽冥不遺　更無蹤跡可尋思

然《しか》く幽冥《ゆうめい》を照らして遺《のこ》さずと雖《いえど》も　更に蹤跡《しょうせき》の尋思《じんし》す可《べ》き無し

以上の三首に詠まれる「珠《しゅ》」は、全ての人が各々生まれながらに備えている仏性《ぶっしょう》といわれる宝の珠《たま》のことで、良寛の悟りは、自身の持つ珠に気付いたことであると思います。即ち、この詩集には有りませんが、良寛の詩で「只《た》だ是《こ》れ旧時の栄蔵子《えいぞうし》」と詠んでいる、生まれながらの栄蔵こそが自身の仏性であることが分かったのです。それを周りの人達にも分かって欲しいと願って、ここに三首も詠み挙げています。

42　観音　二首

慣棄西方安養界　五濁悪世投此身
就木々就竹々　全身放擲多劫春
脚下金蓮拖水泥　頭上宝冠委埃塵
乃往一時楞厳会　教他吉祥択疎親
森々二十五大士　独於此尊嘆嗟頻
我今帰命稽首礼　哀愍納受救世仁

観音《かんのん》　二首

西方安養界《さいほうあんようかい》を棄《す》つるに慣《な》れて　五濁悪世《ごじょくあくせ》に此の身を投ずる
木に就けば木に竹に就けば竹に　全身を放擲《ほうてき》する多劫《たごう》の春
脚下《きゃっか》の金蓮《きんれん》は水泥《すいでい》を拖《ひ》き　頭上《ずじょう》の宝冠《ほうかん》は埃塵《あいじん》に委《まか》す
乃往《ないおう》に一時《あるとき》楞厳《りょうごん》の会《え》で　他《か》の吉祥《きっしょう》をして疎親《そしん》を択《えら》ば教《し》む
森々《しんしん》たる二十五の大士《だいし》より　独り此の尊《みこと》に於いて嘆嗟《たんさ》頻《しき》りなり
我《われ》今帰命稽首《きみょうけいしゅ》して礼《らい》す　哀愍納受《あいみんのうじゅ》したまえ救世《ぐせ》の仁《じん》

43

風定花尚落　鳥啼山更
観音妙智力　咄

風は定《さだま》って花は尚《なお》落ち　鳥は啼いて山は更に幽《かす》かなり
観音の妙智力《みょうちりょく》　咄《とつ》

この二首と同趣の偈頌《げじゅ》が良寛の著した「法華讃」及び「法華転」に載っています。良寛は観音に限らず、「法華経」に登場する全ての菩薩衆を厚く敬っていましたが、観音の二首だけをこの詩集に選んでいる意図は何でしょうか。

44　布袋

十字街頭一布袋　放去拈来凡幾年
無限風流無人買　帰去来兮兜史天

布袋《ほてい》

十字街頭《じゅうじがいとう》の一布袋　放去拈来《ほうきょねんらい》凡そ幾年ぞ
無限の風流を人の買う無し　帰去来兜史天《かいりなんいざとしてん》へ

放去拈来：捨たり用いたり

布袋（?～九一六）は常に一本の杖を持ち、大きな布の袋を担って街中を徘徊した中国の人で、兜史天（兜率天《とそつてん》）で説法をしていて、将来仏になる弥勒《みろく》菩薩の化身《けしん》とされています。良寛は「法華讃」の「薬王菩薩本事品《ほんじほん》」の偈《げ》に「十字街頭に布袋を打開す」の著語《じゃくご》を付けています。即ち、良寛は布袋を入鄽垂手《にってんすいしゅ》の菩薩行を実践した人として評価していました。

しかし、この菩薩行の風流を分かってくれる人の居ないことを嘆いています。そして、布袋に帰去来《かいりなんいざ》と呼びかける気持ちは、自画賛の「世の中にまじらぬとにはあらねども　ひとりあそびぞわれはまされる」に通じるのでしょう。

45　南泉

南泉老古錐　偶来慣為賓
涙痕与血滴　染為池陽春

南泉《なんせん》

南泉の老古錐《ろうこすい》　偶《たまたま》来《きた》りて賓《ひん》と為るに慣れる
涙痕《るいこん》与《と》血滴《けってき》とを　染めて池陽《ちよう》の春と為る

錐：鋭《するど》い人の譬《たとえ》

ここは高僧伝を参照すべき

南泉（七四八～八三四）は「南泉斬猫《ざんびょう》」の公案で有名な中国の禅僧です。その門下の趙州《じょうしゅう》の「狗子《くし》仏性」の公案を弄《ろう》して、良寛が丸山応挙《まるやまおうきょ》の狗子《くす》図に偈《げ》を書き込んだ話も良く知られています。殆《ほとん》どの禅語録を渉猟して、多くの禅師に精通していた良寛が、この詩集だけに南泉《なんせん》独りを詠んでいる意図は読み切れません。

46　霊照女

有女々々名照女　毎朝持籃鬻城闉
不知誰氏丹青手　蕭灑風彩覚有神

霊照女《れいしょうじょ》

女有々々《じょありじょあり》照女と名づく　毎朝籃《かご》を持ちて城闉《じょういん》に鬻《ひさ》ぐ
知らず誰氏《すいし》の丹青《たんせい》の手ぞ　蕭灑《しょうさい》たる風彩に神《しん》の有るを覚える

霊照女は龐蘊居士《ほううんこじ》の娘で、この詩集の雑詩87に龐蘊が出てきます。「大智偈頌《だいちげじゅ》」の「魚籃《ぎょらん》」に付した良寛の語釈は味わい深く、この詩と同じく照女を高く賞賛していて、良寛の女性敬愛の一端が窺えます。

47　渡唐天神

誰氏丹青摸出来　梅花面目松精神
唐土衣冠也相宜　因知無刹不現身

渡唐《ととう》天神

誰氏《すいし》の丹青《たんせい》ぞ摸出《もしゅつ》し来《きた》る　梅花《ばいか》の面目と松の精神とを
唐土の衣冠も也相宜《またあいよろ》し　因《よ》って知る身を現わさざる刹《せつ》の無きを　刹：国

この詩は学問の神様として祀《まつ》られて来た菅原道真《すがわらのみちざね》（八四五～九〇三）を唐土の衣冠姿で描いた画像に付された画賛ですが、「草堂詩集　地巻」とこの詩集に有題詩として載っています。学問に勤《いそ》しんだ良寛には気に入った作品のようです。

48　笏

非可為瓦礫　孰取珠玉比
依稀驪龍角　彷彿青象鼻
秋夜陪法話　春昼伴坐睡
雖無払塵用　亦足佐道意

笏《こつ》

瓦礫と為す可《べ》きに非ずも　孰《たれ》か取って珠玉《しゅぎょく》に比《ひ》せん
驪龍《りりょう》の角《つの》に依稀《いき》として　青象《せいぞう》の鼻に彷彿たり
秋夜の法話に陪《ばい》し　春昼の坐睡に伴う
塵を払うに用無しと雖も　亦道意《またどうい》を佐《たす》くるに足る

依稀も彷彿も良く似ること
陪：助ける、侍る

「広辞苑」には、笏の字音のコツは骨に通じるのを忌《い》み、長さが一尺程であることからシャクと呼んだとあります。束帯着用の際に右手に持って威儀を整えた板片で、元は裏に紙片を貼って備忘の為に儀式次第などを書いたものです。これを仏道の場ではどのように用いたのでしょうか。詩の後半に良寛の得意なアイロニーが感じられます。

49　子規

烟雨濛々春已暮　千峰万壑望欲迷
子規此夕声不絶　夜深更移竹林啼

子規《しき》

烟雨濛々《えんうもうもう》たり春已《すで》に暮れ　千峰万壑《ばんがく》を望んで迷わんと欲《ほっ》す
子規は此の夕べに声絶えず　夜深く更に竹林に移って啼く

子規：不如帰《ほととぎす》

良寛は野鳥が好きで、杜鵑《とけん》（ほととぎす）や春禽《しゅんきん》（春の小鳥）等と沢山の作品に詠んでいます。

50　蓮

自従別西天　不知幾箇時

蓮《はす》

西天《せいてん》に別かれて自従《よ》り　幾箇の時かを知らず

素葩裛湛露　翠蓋覆円池
香清払檻風　韻冷出水姿
前山日已落　幽賞言未帰

素葩《そは》に湛露《たんろ》を裛《まと》い　翠蓋《すいがい》は円池《えんち》を覆う
香は清く風は檻《てすり》を払う　水を出《い》ずる姿の韻《いん》は冷《すず》し
前山《ぜんざん》に日は已《すで》に落ち　幽賞して言《ここ》に未だ帰らず

素葩：白い花　翠蓋：緑の葉
韻：趣《おもむき》

この詩はこの詩集に初めて載ります。実際に蓮池を愛《め》でての詠みでしょうが、「妙法蓮華経」に絡めて、遠く印度からの仏法伝来と重なる蓮の謂《いわ》れが意図されていると思います。それにしても、素晴らしく美しい語彙《ごい》が連ねられたものです。

同じく印度から伝来した蓮は、今も尚、美しい花を咲かせ続けているが、仏法は今や見る影も無いような衰退振《すいたいぶ》りであるが、微力な自分には如何ともする術《すべ》が無いとの、深い嘆息が伝わって来ます。

51

秋夜弄月

四時雖有月　賞月良在斯
秋山高秋水清　万里青空一鏡飛
光元不在鏡亦然　光鏡共忘復是誰
天高々秋稜々　手把宝杖遶翠微
四顧寥々絶繊壒　但見秋月騰光輝
今夜誰人看此月　不知秋月復照誰
照来照去幾回秋　看月対月無了期
霊山話曹渓指　総是月下好風規

秋夜に月を弄《ろう》す

四時《しじ》に月有りと雖も　月を賞するは良《まこと》に斯《ここ》に在り
秋山は高く秋水は清し　万里の青空《せいくう》に一鏡《いっきょう》飛ぶ　一鏡：鏡のような満月
光は元《もと》より在《あら》ず鏡も亦然《またしか》り　光鏡共に忘るは復是《またこ》れ誰ぞ
天は高々たり秋は稜々《りょうりょう》たり　手に宝杖《ほうじょう》を把《と》って翠微《すいび》を遶《めぐ》る
四顧《しこ》すれば寥々《りょうりょう》として繊壒《せんあい》を絶す　但だ見る秋月の光輝《こうき》を騰《あ》ぐるを
今夜誰人《たれひと》か此の月を看る　知らず秋月は復《また》誰をか照すを
照り来り照り去るは幾回の秋ぞ　月を看て月に対して了期無し
霊山《りょうぜん》の話《わ》も曹渓《そうけい》の指も　総て是《こ》れ月下の好風規《こうふうき》なり

月下沈吟夜已深　江山沈々白露滋
何処游子多秋思　誰家池台最光輝
君不見
昔時江西翫月夜　独許普願物外帰
又不見
薬嶠大笑孤峰頂　声値従是高一時
共是為千古万古　空令行人仰盈虧
我亦従来多古意　此夕対月一沾衣

月下に沈吟して夜已《すで》に深く　江山《こうざん》は沈々《ちんちん》として白露滋《はくろしげ》し
何《いず》れの処か游子《ゆうし》の秋思《しゅうし》多きは　誰が家の池台《ちだい》か最も光輝《こうき》あるは
君見ずや
昔時江西《せきじこうせい》の翫月《がんげつ》の夜　独り許す普願《ふがん》の物外《もつげ》に帰《き》すを
又見ずや
薬嶠《やくきょう》の大笑《たいしょう》する孤峰《こほう》の頂《いただき》を　声値《せいか》は是《こ》れ従《よ》り一時に高し
共に是《こ》れ千古万古《せんこばんこ》為《た》り　空しく行人《こうじん》をして盈虧《えいき》を仰が令《し》む
我《われ》も亦《また》従来古意《こい》多く　此の夕は月に対して一《いつ》に衣を沾《うるお》す
盈虧：満欠《みちかけ》

良寛がこよなく月を愛《め》でたことは、五合庵の下り道に残る「月見の松」と亀田鵬斎《かめだぼうさい》との逸話等で良く知られています。

この詩は、仲秋の明月を実際に眺めながらの感慨と、過って読み馴染んだ高僧伝の古則《こそく》を回顧しての想いが詠み込まれていて、非常に味わい深い作品です。又、良寛の月といえば、長歌「月の兎」が想い起されます。

52　擬古

門外春将半　好鳥語不禁
未見君子面　那知君子心

擬古《ぎこ》

門外の春は将《まさ》に半《なかば》となり　好鳥《こうちょう》は語り禁《や》まず
未だ君子《くんし》の面《おもて》を見ざれば　那《なん》ぞ君子の心を知らんや

擬古は、古人の作意、作風を模して詩文を作ることですが、この詩集に初めて載せた、良寛の意図は何でしょうか。

53　空盂

青天寒雁鳴　空山木葉飛
日暮烟村路　独掲空盂帰

空《くう》盂《う》

青天に寒雁《かんがん》が鳴き　空山《くうざん》には木葉《もくよう》が飛ぶ
日暮に烟村《えんそん》の路を　独り空盂を掲《かか》げて帰る

空盂：空の鉢

珍しく語句の平易な作品ですが、山住の寂寥感がしみじみと伝わって来ます。

54　傭賃

家在荒村空四壁　展転傭賃且過時
憶得疇昔行脚日　衝天志気敢自持

傭賃《ようちん》

家は荒村《こうそん》に在りて四壁《しへき》は空《むな》しく　展転《てんてん》傭賃して且《しばら》く時を過ごす
憶《おも》い得たり疇昔《ちゅうせき》行脚《あんぎゃ》の日に　衝天の志気を敢て自ら持《じ》せしを

傭賃：賃稼ぎ

結句から、良寛の出家の動機と気概とが窺われます。そして、この修行と行脚で得られた結果の生き様《よう》が次の五首です。

55　騰々

裙子短兮褊衫長　騰々兀々只麼過
陌上児童忽見我　拍手斉唱放毬歌

騰々《とうとう》

裙子《くんす》は短く褊衫《へんさん》は長し　騰々兀々《とうとうごつごつ》と只麼《しも》に過ごす
陌上《はくじょう》の児童は忽《たちま》ち我《われ》を見て　手を拍《う》ち斉《ひと》しく唱う放毬《ほうきゅう》の歌を

只麼：是《かく》の如《ごと》く

56　乞食

乞食《こつじき》

十字街頭乞食了　八幡宮辺方徘徊
児童相見共相談　去年癡僧今又来

十字街頭《じゅうじがいとう》に食《じき》を乞い了《おわ》り　八幡宮辺《はちまんぐうへん》を方《まさ》に徘徊すれば
児童は相見《あいみ》て共に相談《あいかた》る　去年の痴僧《ちそう》は今又来《きた》ると

癡：痴

57　驟雨

今日乞食逢驟雨　暫時廻避古祠中
可咲一嚢与一鉢　生涯蕭灑破家風

驟雨《しゅうう》

今日食《じき》を乞うて驟雨に逢い　暫時廻避す古祠《こし》の中に
咲《わら》う可《べ》し一嚢与一鉢《いちのうといっぱつ》とを　生涯蕭灑《しょうさい》たり破家《はか》の風《ふう》

58　毬子

袖裏繍毬直千金　謂言好手無等匹
可中意旨若相問　一二三四五六七

毬子《きゅうす》

袖裏《しゅうり》の繍毬《しゅうきゅう》は直《あたい》千金なり　謂《おも》う言《わ》れは好手にして等匹《とうひつ》無しと
可中《かちゅう》の意旨《いし》を若《も》し相問《あいと》わば　一二三四五六七

可中：箇《こ》の中

59　闘草

也与児童闘百草　闘去闘来転風流
日暮寥々人帰後　一輪明月凌素秋

闘草《とうそう》

也《ま》た児童与《と》百草《ひゃくそう》を闘わす　闘い去り闘い来《き》たって転《うた》た風流なり
日暮寥々《りょうりょう》たり人の帰った後に　一輪の明月が素秋《そしゅう》を凌《しの》ぐ

以上の五首は、乞食《こつじき》僧としての良寛の生業《なりわい》を詠んだ作品です。何れも良寛自身が好んだ作品と思われ、五首共「草堂集貫華」と「草堂詩集」に収まり、多くの屏風や縦幅にも揮毫《きごう》されています。

60　托鉢

八月初一日　　托鉢入市鄽
白雲従高歩　　金風揺玉環
万戸千門味旦開　　修竹芭蕉入画看
次第乞食西又東　　酒肆魚行什麼論
直視何啻刀山摧
緩歩須知鑊湯乾
浄飯王子曽消息
金色頭陀親受伝
親受伝爾来　　二千七百有余年
我兮亦是釈氏子　　一衣一鉢迥灑然
君不見
浄名老人曽有道
於食等者法亦然
直下恁麼薦取去
誰能兀々到驢年

托鉢《たくはつ》
八月初一日《はちがつしょいちにち》　鉢を托《たく》して市鄽《してん》に入る
白雲は高歩に従い　金風《きんぷう》が玉環《ぎょくかん》を揺《ゆる》がす
万戸千門《ばんこせんもん》は味旦《まいたん》に開き　修竹芭蕉《しゅうちくばしょう》は画に入りて看らる
次第に乞食《こつじき》す西又東　酒肆魚行《しゅしぎょこう》も什麼《なに》をか論ぜん
直視《じきし》すれば何ぞ啻《ただ》に刀山《とうざん》を摧《くだ》くのみ
緩歩《かんぽ》すれば須らく知るべし鑊湯《かくとう》の乾くことを
浄飯王子《じょうはんおうじ》は曽《かっ》て消息し
金色《こんじき》の頭陀《ずだ》は親しく受伝《じゅでん》する
親しく受伝して爾来《じらい》　二千七百有余年
我《われ》も亦是れ釈氏子《またこしゃくしし》　一衣一鉢《いちいいっぱつ》は迥《はるか》に灑然《さいぜん》たり
君見ずや
浄名老人《じょうみょう》は曽《かっ》て道《い》う有り
食《じき》に於いて等しき者は法も亦然《またしか》りと
直下恁麼《じきげいんも》に薦取《せんしゅ》し去って
誰か能《よ》く兀々《ごつごつ》と驢年《ろねん》に到らん

味旦：夜明け
酒肆魚行：酒屋魚屋
刀山：地獄の険しい山
鑊湯：地獄の釜の湯
浄飯王子：釈迦
金色頭陀：迦葉《かしょう》尊者
灑然：さっぱり
浄名老人：維摩居士《ゆいまこじ》
恁麼：是《かく》の如《ごと》く　薦取：確《しっか》りと掴む
驢年：驢馬《ろば》のようにのろのろとした年月

この詩で良寛自身が、自分は釈迦の説かれた教えを延々と受け伝えて来られた祖師方の流れに沿って生きる者であると明言しています。そして、その生き方は乞食行《こつじきぎょう》の実践であるとも言っていると思います。この詩で一番難しい所は、維摩の言った「食《じき》に於いて等しき者は法も亦然《またしか》り」の解釈です。私は、良寛が幼い時から維摩を尊崇していたことが、仏道に入る動機の一《ひと》つと考えています。良寛が維摩の教えをどのように解していたかをはっきりとは言えませんが、「維摩経」及び、その他の仏典を総括した上で、漢文の「請受食文《しょうじゅじきぶん》」や「勧受食文《かんじゅじきぶん》」が作られていると思います。

61　偶作　七首
草堂雨歇二三更　孤燈寂照夢還辰
門外点滴声丁冬　壁上烏藤黒粼皴
寒炉無炭誰為添　空床有書手慵伸
今夜此情只自知　他時異日如何陳

偶作《ぐうさく》　七首
草堂《そうどう》に雨の歇《や》んだ二三更《こう》　孤燈《ことう》が寂《さみ》しく夢の還《めぐ》る辰《とき》を照らす
門外に点滴の声は丁冬《ていとう》　壁上《へきじょう》の烏藤《うとう》は黒粼皴《こくりんしゅん》
寒炉に炭無く誰が為に添えん　空床《くうしょう》に書有れど手を伸すに慵《ものう》し
今夜の此の情は只自ら知るのみ　他時異日《たじいじつ》に如何《いか》にか陳《の》べん
粼皴：皴《しわ》が寄る

62弾指堪嗟人間世　百年行楽春夢中
一息裁断属他界　四大和合名之躬
争名争利竟底事　慢己慢人呈英雄
請看曠野凄風暮　幾多髑髏逐断蓬

弾指《だんし》嗟《なげ》くに堪《た》えたり人間《じんかん》の世《せ》　百年の行楽は春夢《しゅんむ》の中《うち》なり
一息《いっそく》裁《わずか》に断てば他界に属す　四大《しだい》和合して之《これ》を躬《み》と名づく
名《な》を争い利《り》を争うも竟《つい》に底事《なにごと》ぞ　己《おのれ》を慢《あなど》り人を慢りて英雄を呈す
請う看よ曠野《こうや》の凄風《せいふう》の暮に　幾多の髑髏が断蓬《だんぼう》を逐《お》うを
蓬：よもぎ

良寛が自分で描いた髑髏の図に賛を付した縦幅が有り、そこでは髑髏を真理の象徴としています。この詩の結句は実景の描写とは思えませんが、意図は何でしょうか。何と無く「平家物語」の冒頭や芭蕉の句「夏草や兵《つわもの》どもが夢の跡」が想い起されます。

63自出白蓮精舎会　騰々兀々送此身
一枝烏藤長相随　七斤布衫破若烟
幽窓聴雨草庵夜　大道打毬百花春
前途有客如相問　此来天地一間人

白蓮精舎《びゃくれんしょうじゃ》の会《え》を出《い》でて自《よ》り　騰々兀々《とうとうごつごつ》と此の身を送る
一枝《いっし》の烏藤《うとう》が長く相《あい》随い　七斤《しちきん》の布衫《ふさん》は破れて烟《けむり》の若《ごよ》し
幽窓《ゆうそう》に雨を聴く草庵《そうあん》の夜　大道《だいどう》に毬《まり》を打つ百花《ひゃっか》の春
前途に客有りて如《も》し相《あい》問わば　此来《ひらい》天地の一間人《いっかんじん》と

此来：近頃《ちかごろ》の

結句の「一間人」を「一人の閑《ひま》な人間よ」と解してしまうと、全く良寛の意から外れると思います。ここは、「証道歌《しょうどうか》」にある「絶学無為《ぜつがくむい》の閑道人《かんどうじん》（妄想や煩悩等の煩《わずら》いの無くなった人）」と解すべきでしょう。そうかと言って、自分は悟った人間であると誇示している訳でもないところが良寛の難しさです。

64大道元来没程途
不知何処是本期
認境趁境々愈遠
迷心覓心々却非
仮説空有誘諸子
縦契中道終堕岐
我這些子妙不伝
裁掛唇歯為支離

大道《だいどう》は元来程途《ていと》を没《ぼっ》し
知らず何《いず》れの処か是《こ》れ本期《ほんご》なる
境《きょう》を認めて境を趁《お》えば境は愈《いよい》よ遠く
心《こころ》に迷い心を覓《もと》むれば心は却って非なり
仮に空有《くうう》を説いて諸子を誘《いざな》い
縦《たと》え中道《ちゅうどう》に契《かな》うも終《つい》に岐《き》に堕《お》ちる
我《われ》に這《こ》の些子《さし》の妙《みょう》は伝えられず
裁《わずか》に唇歯《しんし》に掛かれば支離《しり》と為る

大道：悟りへの道　程途：道順
本期：根本の目的
境：感覚の対象、現象
些子：僅《わず》かな　妙：不可思議なこと

65一段風光迥殊絶
那箇劫中消道離
事理将来没交渉
玄妙証去更差池
大梅生涯喪一句
拮獦不会別伝衣
大丈夫児須志気
莫效軽毛東西飛

一段の風光は迥《はるか》に殊絶《しゅぜつ》す
那箇《なこ》の劫中《ごうちゅう》に離《り》と道《い》うを消《もち》いん
事《じ》と理《り》を将《も》ち来《きた》るも没交渉《もっこうしょう》なり
玄妙に証し去るも更に差池《さち》たり
大梅《だいばい》は生涯を一句に喪《そう》し
拮獦《きっかつ》の不会《ふえ》が別に衣《い》を伝える
大丈夫の児《じ》よ須らく志気あるべし
軽毛《けいもう》の東西に飛ぶを効《なら》うこと莫れ

殊絶：特に優れる
離：断つ、除く等の意から涅槃《ねはん》の事か
事理：現象と真理　没交渉：相応《そうおう》しない
差池：不揃いのさま
一句：「即心是仏」の一句
拮獦：六祖慧能《えのう》

この詩の解釈は非常に難しく、諸氏が論説を展開されています。ここが正しく言い得たら、良寛の探求は卒業で、後は良寛との遊交が楽しめると思います。

66傷嗟今時参玄子
祇向推敲老此躬
経年卜度何能堪
直契如如非吾宗
迷悟不到未生地
本来無物那劫逢
倘君不了問取去

傷嗟《しょうさ》する今時《こんじ》の参玄子《さんげんし》を
祇《ただ》推敲に向って此の躬《み》を老す
経年卜度《ぼくたく》するも何ぞ能《よ》く堪えん
直《じき》に如如《にょにょ》に契《かな》うも吾が宗に非ず
迷悟《めいご》は未生《みしょう》の地に到らず
本来無物《むぶつ》なり那《いず》れの劫《ごう》にか逢わん
倘《も》し君が了《りょう》せずんば問取《もんしゅ》し去れ

卜度：考え推し測る

文珠家在覚城東　　文珠《もんじゅ》の家は覚城《かくじょう》の東に在り　　覚城：釈迦が悟りを開いた都市　ブッダガヤー

67
三界冗々事如麻　　三界《さんがい》は冗々《じょうじょう》として事《じ》は麻の如《ごと》し　　冗々：ごたごた
非適今兮(脱)自古然　　今に適するに非ず 古《いにしえ》自《よ》り然り
渾為一句不了却　　渾《すべ》て一句を了却《りょうきゃく》せざるが為に
百年無端疲往還　　百年も端《はし》無く往還《おうかん》に疲れる
経数名相不永返　　経は名相《みょうそう》を数えて永く返らず　　名相：名前と形、虚妄の名と姿
禅執寂静竟難遷　　禅は寂静《じゃくじょう》に執して竟《つい》に遷《うつ》り難し
因憶洞山好言語　　因《よ》って憶《おも》う洞山《とうざん》の好言語《こうげんご》を
出門即是草漫々　　門を出《い》ずれば即ち是《こ》れ草漫々《くさまんまん》たり　　草：妄念

この偶作七首の内、五首は「草堂集貫華」の雑詩の終りの方に続けて載せ、六首は「草堂詩集　地巻」に「偶作六首」として載せています。但し、両方共順序は不同です。従って、七首は一連の作意を持ったものではなく、人生の寂寥感と仏法衰退への感懐を想い付くままに詠んだ作品を集めたものと思います。「法華讃」や「法華転」とは別に、仏法授受の難しさを嘆息した詩が多いことに良寛の寂しい心が察しられます。

68
無題　二首　　無題　二首
国上山下是僧家　　国上山下《くがみやました》が是《こ》れ僧が家なり
麁茶淡飯供此身　　麁茶淡飯《そさたんぱん》を此の身に供す

終年不遇穿耳客　只見空林拾葉人

終年穿耳《せんに》の客に遇わず　只空林《くうりん》に葉を拾う人を見るのみ

「穿耳客」は耳に孔を明けた印度の坊さんのように利発な人のことですが、偉い坊さんとかお役人が寄って来ることは無いと詠んでいます。しかし、有名な文人墨客や、何と、長岡藩主までもが、良寛を慕って国上山を訪ねています。

69可嘆世上人心険　不知何処保生涯
夜々前村打鼓頻　盗賊徘徊百有余

世上人心《せじょうじんしん》の険《けん》を嘆《なげ》く可《べ》し　何れの処に生涯を保たんかを知らず
夜々前村《ぜんそん》には鼓《こ》を打つこと頻《しき》りなり　盗賊が徘徊するは百有余か

夜雨

70世上栄枯雲変態　五十余年一夢中
疎雨蕭々草庵夜　閑擁衲衣倚虚窓

夜雨

世上の栄枯は雲の変態か　五十余年は一夢《いちむ》の中《うち》なり
疎雨蕭《そうしょうしょう》々たり草庵《そうあん》の夜　閑《しず》かに衲衣《のうい》を擁《よう》して虚窓《きょそう》に倚《よ》る

有感

71剃除髭髪為僧伽　撥草瞻風有年茲
如今到処供紙筆　只道書歌兼書詩

有感

髭髪《しはつ》を剃除《ていじょ》して僧伽《そうぎゃ》と為り　撥草瞻風《はっそうせんぷう》茲《ここ》に年有り
如今《じょこん》到る処で紙筆《しひつ》を供し　只道《い》う歌を書け兼《また》詩を書けと

「撥草瞻風」は綺麗な句で、意味は「荒れ草を吹き払って、周りの風景を見渡す。即ち、煩悩を払拭して、仏祖の教えに憬《あこが》れる。」ということです。しかし、「ああ、自分の思い描いていた生き様《よう》とは随分と違ってしまったなあ。」という良寛の衒《てら》いが聞こえるようです。

以上で有題詩が終わり、以降に雑詩《ぞうし》が百八首続きます。先の長い仕事ですが良寛に惚れ込んだ者の宿命と思って、同じ要領で頑張ります。とは言え、実は良寛との対話が止められません。この儘《まま》お付き合いを頂きましたら幸甚《こうじん》です。

雑詩

72我有一張琴　非梧亦非桐
五音誰能該　六律調不同
静夜高堂上　朱弦操松風
氤氳青陽暁　声徹天帝聰
天帝大驚異　欲知声所従
伊時二三月　気候稍和中
風伯道路掃　雨師林叢巌
采月暈為繖　佩彩虹作弓
雲旆兮霞纓　逸其御六龍
十州坐超忽　五天望裏空
弥往則弥遐　在西修自東

雑詩

我に一張《ひとはり》の琴《こと》が有り　梧《あおぎり》に非ず亦桐《またきり》に非ず
五音《ごいん》を誰か能《よ》く該《がい》せん　六律《りくりつ》の調《しらべ》も同じからず
静夜高堂《こうどう》に上《のぼ》り　朱弦《しゅげん》にて松風《しょうふう》を操《あやつ》る
氤氳《いんうん》たり青陽《せいよう》の暁に　声は天帝の聰《そう》に徹《とお》る
天帝は大いに驚異して　声の従《よ》る所を知らんと欲《ほっ》す
伊《こ》れ時は二三月　気候は稍和中《ややわちゅう》する
風伯《ふうはく》は道路を掃き　雨師《うし》は林叢《りんそう》を巌《おごそか》にする
月暈《げつうん》を采《と》りて繖《きぬかさ》と為《な》し　彩虹《さいこう》を佩《お》びて弓と作《な》す
雲の旆《はた》と霞の纓《ひも》と　逸《いつ》として其れ六龍《りくりゅう》を御《ぎょ》す
十州を坐《すず》ろに超忽《ちょうこつ》し　五天《ごてん》も望裏《ぼうり》に空《むな》し
弥《いよい》よ往けば則《すなわ》ち弥よ遐《とお》く　西に在るかとすれば修《たちま》ち東自《よ》りす

該：盛んにする
聰：耳聡《みみざと》さ
風伯：風の神　雨師：雨の神
月暈：月の傘
旆：垂れ布　纓：飾り紐《ひも》

神亦為之疲　心亦為之窮
逡巡相顧云　帰与吾旧邦

神《しん》も亦《また》之《これ》が為に疲れ　心《しん》も亦《また》之が為に窮す
逡巡《しゅんじゅん》し相顧《あいかえり》みて云《いわ》く　帰りなん吾が旧邦にと

この心の琴を詠んだ作品は良寛のご自慢のようで、全ての詩集の冒頭に載ります。諸氏によって種々に解説されていますので、参考にされたら良いです。

73青陽二月初　物色稍新鮮
此時持鉢盂　得々遊市鄽
児童忽見我　欣然相将来
要我寺門前　携我歩遅々
放盂白石上　掛嚢緑樹枝
于此闘百草　于此打毬児
我打渠且歌　我歌渠打之
打去又打来　不知時節移
行人顧我咲　因何其如斯
低頭不応伊　道得也何似
要知箇中意　元来只這是

青陽《せいよう》たる二月の初め　物色《ぶっしき》は稍《ようや》く新鮮なり
此の時に鉢盂《はちう》を持し　得々《とくとく》として市鄽《してん》に遊ぶ
児童が忽《たちま》ち我《われ》を見て　欣然《きんぜん》として相将《あいひき》いて来る
我《われ》を要す寺門の前　我を携えて歩み遅々たり
盂《う》を白石《はくせき》の上に放ち　嚢《ふくろ》を緑樹《りょくじゅ》の枝に掛る
此《ここ》に百草《ひゃくそう》を闘わし　此に毬児《きゅうじ》を打つ
我《われ》が打てば渠《かれ》は且《か》つ歌い　我が歌えば渠は之《これ》を打つ
打ち去り又打ち来りて　時節の移るを知らず
行く人は我《われ》を顧みて咲《わら》う　何に因《よ》ってか其《そ》れ斯《か》くの如《ごと》きと
頭を低くして伊《かれ》に応えず　道《い》い得るも也《また》何にか似ん
箇中《こちゅう》の意を知らんと要せば　元来只這《こ》れ是《こ》れなり

欣然：喜んで、快く

良寛と児童との同事業《どうじぎょう》を自らも歓然《かんぜん》として謳歌した作品で、これも全ての詩集に収まっています。

そして、結句の「只這是《ししゃぜ》」は良寛の悟りの奥義を表す禅語で、色々な類語を使って屡《しばしば》出て来ます。

74 痛哉三界客　不知何日休
往還六趣岐　出没四生流
云君兮云臣　皆是過去讐
為妻兮為子　曷由出幽囚
縦得輪王位　竟作陶家牛
痛哉三界客　何日是歇頭
遥夜熟思惟　涙下不能収

痛ましい哉三界《さんがい》の客　知らず何れの日にか休まん
六趣《ろくしゅ》の岐《ちまた》に往還《おうかん》して　四生《ししょう》の流れに出没する
君《くん》と云い臣《しん》と云うも　皆是《こ》れ過去の讐《むくい》なり
妻と為り子と為るも　曷《なに》に由《よ》ってか幽囚《ゆうしゅう》を出《い》でん
縦《たと》い輪王《りんのお》の位を得るも　竟《つい》には陶家《とうか》の牛と作《な》る
痛ましい哉三界《さんがい》の客　何《いず》れの日にか是《こ》れ歇頭《けっとう》なる
遥夜《ようや》熟《つらつら》思惟《しゆい》すれば　涙が下《くだ》りて収《おさ》むること能《あた》わず

幽囚：捕らわれ
歇：尽きる、休む
思惟：考え巡らす

前の作品は分かり易いでしたが、この詩では急に内容が変わり、仏語等が沢山出て来て難しくなりました。表現も少し堅いと思います。雑詩の範疇《はんちゅう》では、想い付くままに作品を並べて良いのでしょう。ここに「痛哉三界客」の句が二回も使われていることに、良寛の衆生憐愍《しゅじょうれんびん》の心が感じられます。

75 東風吹時雨　夜来澍茅茨
主人高枕眠　何知浮世機
青山忽已曙　春禽啼其枝
我亦辞吾廬　飄々欲安之

東風が時雨《しぐれ》を吹き　夜来茅茨《ぼうし》に澍《そそ》ぐ
主人は枕を高くして眠り　何《なん》ぞ知らん浮世《うきよ》の機《き》を
青山《せいざん》は忽ち已《すで》に曙《あ》け　春禽《しゅんきん》は其の枝に啼く
我《われ》も亦《また》吾が廬《いおり》を辞して　飄々《ひょうひょう》として安《いず》くにか之《ゆ》かんと欲《ほっ》す

茅茨：茅葺《かやぶ》き屋根、草庵
機：働き、仕掛け

野水浸遠郭　美花照翠微
牽牛何処老　荷鋤誰家児
四序不暫止　人生各有為
嗟我胡為者　永守故園扉

野水《やすい》は遠郭《えんかく》を浸《ひた》し　美花《びか》は翠微《すいび》を照らす　　郭：街並　翠微：山の中腹
牛を牽《ひ》くは何処《いずこ》の老ぞ　鋤《すき》を荷《にな》うは誰《た》が家の児《じ》ぞ
四序《しじょ》は暫くも止《とど》まらず　人生には各《おのおの》為《な》す有り　　四序：四季の序
嗟我胡為《ああわれなんす》る者ぞ　永く故園《こえん》の扉を守るは

最後の聯《れん》に自責《じせき》の念が感じられて、この感情の多面性から、良寛の本質を知る難しさがあると思います。

76八月涼気至　鴻雁正南飛
我亦理衣鉢　得々下翠微
野菊発清光　山川多秀気
五生非金石　随物意自移
誰能守一隅　兀々鬢垂絲

八月に涼気《りょうき》は至り　鴻雁《こうがん》は正《まさ》に南に飛ぶ
我《われ》も亦衣鉢《またいはつ》を理《おさ》めて　得々《とくとく》として翠微《すいび》を下る
野菊は清光《せいこう》を発し　山川《さんせん》に秀気《しゅうき》多し
五生は金石に非ず　物に随って意《こころ》は自ら移る
誰か能《よ》く一隅を守って　兀々《ごつごつ》として鬢《びん》の絲《いと》を垂る　　鬢垂絲：白髪と成る

托鉢業《たくはつぎょう》に生きることの自負を謳った作品で、「五生」の語以外は分かり易いです。「佛教語大辞典」に「五生」の難しい説明がありますが、「草堂詩集　天巻」に載る同趣の作品では「人生非金石」とあります。良寛は「吾生」に改めたものを写し間違えたと解釈したいところですが、自筆本の行方不明が悔やまれます。

77群賢高会日　揖譲坐已定
長慶与劉孟　竦評古人詠
卓子是長慶　杜公是劉孟
四人交相詰　日夕不一定
卓子正色云　子何党劉孟
杜公勃然云　子非党長慶
合坐失声咲　到今為話柄

群賢《ぐんけん》高会《こうかい》の日に　揖譲《ゆうじょう》して坐は已《すで》に定まる
長慶《ちょうけい》与《と》劉孟《りゅうもう》との　古人の詠《えい》を竦評《しょうひょう》する
卓子《たくし》は長慶を是《ぜ》とし　杜公《とこう》は劉孟を是とする
四人　交《こもごも》　相詰《あいきつ》するも　日夕《にっせき》まで一《いつ》に定まらず
卓子《たくし》は色を正して云う　子《し》は何ぞ劉孟《りゅうもう》に党《くみ》すると
杜公《とこう》は勃然《ぼつねん》として云う　子《し》は長慶《ちょうけい》に党《くみ》するに非ずやと
合坐《ごうざ》声を失して咲《わら》うは　今に到るまで話柄《わへい》と為る

揖譲：譲合《ゆずりあ》う賓主相見の礼
竦評：謹んで評価
詰：なじる

実際に詩作の友と集《つど》った情景を謳ったものでしょうか、或いは古代の詩人を懐古《かいこ》しての作品でしょうか。
「独り遊びが吾は勝れる」と言う良寛にも、人との交わりを喜んだり望んだりした詩歌は結構多いですから、何時の時代の人達にも親しまれます。良寛を高徳の僧で終わってはならないし、寂寥《せきりょう》の人とか、羞恥《しゅうち》の人とか、懺悔《ざんげ》する人等と、一つの型に嵌めて語ってはならない人であると思います。

78行々投田舎　正是桑楡時
烏雀聚竹林　啾々相率飛
老農言帰来　見我如旧知
喚婦漉濁酒　摘蔬以供之
相対云更酌　談咲一何奇
陶然共一酔　不知是与非

行き行きて田舎《でんしゃ》に投ず　正《まさ》に是《こ》れ桑楡《そうゆ》の時なり
烏雀《うじゃく》は竹林に聚《あつ》まり　啾々《しゅうしゅう》として相率《あいひき》いて飛ぶ
老農は言《ここ》に帰り来り　我《われ》を見ること旧知の如《ごと》し
婦を喚《よ》んで濁酒《だくしゅ》を漉《こ》し　蔬《そ》を摘んで以て之《これ》を供す
相《あい》対して云《ここ》に更に酌《く》み　談咲《だんしょう》は一《いつ》に何《なん》ぞ奇《き》なる
陶然として共に一酔《いっすい》し　知らず是与非《ぜとひ》とを

桑楡：日暮れ
蔬：あおもの

同趣の詩が他の自筆詩集にも載り、貴賤《きせん》を問わない村人との同事業《どうじぎょう》が如実に謳われています。

79古仏留教法　為令人自知
如人自知了　古仏何所施
有智迴玄会　頓為像外人
愚者故拘束　因文分疎親
徒数他珍宝　日夜費精神
取真々却妄　了妄々即真
真妄両名言　取捨因執在
叵耐刻舷者　千古空紛々

古仏の教法を留めしは　人をして自ら知ら令《し》めんが為なり
如《も》し人自ら知了《ちりょう》すれば　古仏に何の施す所かあらん
有智《うち》は迴《はる》かに玄会《げんえ》し　頓《とみ》に像外《ぞうげ》の人と為る　玄会：道理を掴む　像外：真理
愚者は故《ことさら》に拘束して　文に因《よ》って疎親《そしん》を分かつ　疎親：真理への遠近
徒《いたず》らに他の珍宝を数えて　日夜に精神を費《ついや》す
真《しん》を取れば真は却って妄《もう》となり　妄を了《さと》れば妄は即ち真となる
真妄両《しんもうふたつ》ながら名言《みょうごん》なるも　取捨孰《なに》に因《よ》ってか在せん
叵耐《はたい》たり舷《ふなべり》に刻《こく》する者よ　千古より空しく紛々《ふんぷん》たり　叵：難し

難しい語句が沢山使われていて、「玄会」「像外」「疎親」「叵耐」共に「佛教語大辞典」と「字通」に載っていません。「疎親」と「叵耐」は「法華讃」にも出て来ますので、良寛の造語でしょうか。難しい作品ですが、この詩から、良寛が止むに止まれずに「法華讃」「法華転」を著《あらわ》したという意図が窺えると思います。

80余郷有一女　齠年美容姿
東籬人朝約　西隣客夕期
有時伝以言　有時貽以資

余が郷に一女有り　齠年《ちょうねん》にして容姿は美なり　齠年：歯が抜け替わる年頃
東籬《とうり》の人は朝に約し　西隣《さいりん》の客は夕に期する
有る時は伝えるに言《ことば》を以てし　有る時は貽《おく》るに資《たから》を以てする

如是経歳霜　志斉不与移
許此彼不可　従彼此又非
決意赴深淵　哀哉徒尓為

是《かく》の如《ごと》く歳霜《さいそう》を経《ふ》れども　志《こころざし》は斉《ひと》しくして与《とも》に移らず
此《これ》を許せば彼は不可なり　彼に従えば此《これ》も又非なり
意を決して深淵に赴《おもむ》く　哀しき哉徒《いたず》らに尓為《しかす》ることは

81佳人相呼喚　遅日戯江汜
長袖映日鮮　垂帯逐風靡
金釧繞柔臂　玳瑁飾双耳
折花調行客　拾翠遺公子
一顧擲千金　片言傾城市
粉黛暫時仮　容華非保終
歳暮胡所待　搔首立凄風

佳人《かじん》が相呼喚《あいこかん》し　遅日江汜《ちじつこうし》に戯れる
長袖《ちょうしゅう》は日に映じて鮮《あざ》やかなり　垂帯《すいたい》は風を逐《お》って靡《なび》く
金釧《きんせん》を柔臂《じゅうひ》に繞《まと》い　玳瑁《たいまい》は双耳《そうじ》を飾る
花を折って行客《こうかく》を調《ちょう》し　翠《すい》を拾って公子に遺《おく》る
一顧《いっこ》に千金を擲《なげう》ち　片言《へんげん》に城市を傾ける
粉黛《ふんたい》は暫時の仮《け》なり　容華《ようか》も終りを保つに非ず
歳暮《さいぼ》胡《なん》の待つ所ぞ　首を搔いて凄風《せいふう》に立つ

佳人：美人　遅日：春日　汜：辺《ほとり》
金釧：金の腕輪　玳瑁：鼈甲《べっこう》

82伊昔東家女　采桑青郊陲
金釧鏤銀朶　素手扳柔枝
清歌凝哀音　顧面生光輝
耕者輟其耜　息者頓忘帰
今為白髪婆　寤寐慨其咨

伊《こ》れ昔東家《とうけ》の女《むすめ》　桑を采《と》る青郊《せいこう》の陲《ほとり》
金釧《きんせん》に銀朶《ぎんだ》を鏤《ちりば》め　素手《そしゅ》にて柔枝《じゅうし》を扳《ひ》く
清歌《せいか》に哀音《あいおん》を凝《こ》らし　顧面《こめん》に光輝《こうき》を生ずる
耕す者は其の耜《すき》を輟《とど》め　息《いこ》う者は頓《とみ》に帰るを忘れる
今白髪の婆と為り　寤寐《ごび》に慨《がい》して其れを咨《なげ》く

寤寐：寝ても覚めても　慨：嘆く

以上の三首に美女を謳っていますが、良寛の意図は女性に対する優しさと解して良いでしょう。

83杖策且独行　行至北山陲
松柏千年外　竟日非風吹
下有陳死人　長夜何所期
狐狸蔵幽草　鵄鴞啼寒枝
千秋万歳後　阿誰不帰茲
彷徨不忍去　凄其涙沾衣

策《つえ》を杖《つ》いて且《か》つ独り行き　行きて北山《ほくざん》の陲《ほとり》に至る
松柏は千年の外《そと》より　竟日《きょうじつ》に非風が吹く
下に陳死《ちんし》の人が有り　長夜何の期す所ぞ
狐狸は幽草《ゆうそう》に蔵《かく》れ　鵄鴞《しきょう》は寒枝《かんし》に啼く
千秋万歳《せんしゅうばんざい》の後には　阿誰《たれ》か茲《ここ》に帰らざる
彷徨して去るに忍びず　凄其《せいき》として涙が衣を沾《うるお》す

且：暫《しばら》く　北山陲：墓地
竟日：一日中
陳死：死んで久しい
鵄鴞：鳶《とび》と梟《ふくろう》
彷徨：うろつく

前の三首に続けて、この詩で人生の儚《はかな》さを総括したものと思います。

84少小抛筆硯　竊慕出世人
一嚢与一鉢　游方知幾春
帰来絶巘下　静卜草堂貧
聴鳥充絃歌　瞻雲為四隣
巌下有清泉　可以濯衣巾
嶺上有松柏　可以給柴薪
優游又優游　薄言永今晨

少小より筆硯を抛《なげう》ち　竊《ひそか》に出世の人を慕う
一嚢与一鉢《いちのうといっぱつ》と　游方《ゆうほう》は幾春なるを知んぬ
帰り来たる絶巘《ぜつけん》の下《もと》　静かに卜《ぼく》す草堂《そうどう》の貧
鳥を聴いて絃歌《げんか》に充《あ》て　雲を瞻《み》て四隣と為す
巌下《げんか》に清泉有り　以て衣巾《いきん》を濯《すす》ぐ可《べ》し
嶺上《れいじょう》に松柏有り　以て柴薪《さいしん》に給す可《べ》し
優游《ゆうゆう》又優游　薄《いささ》か言《ここ》に今晨《こんしん》を永らえん

良寛の清貧の生き様《よう》を自負する代表的な作品で、他の全ての詩集にも載っています。

85過去已過去　未来尚未来
現在復不住　展転無相依
許多閑名字　竟日強自為
勿存旧時見　莫逐新条知
懇々偏参窮　参之復窮之
窮々到無窮　始知従前非

過去は已《すで》に過ぎ去り　未来は尚《なお》未だ来らず
現在も復《また》住《とど》まらず　展転《てんてん》して相依《あいよ》る無し
許多《あまた》の閑名字《かんみょうじ》　竟日《きょうじつ》強《つと》めて自ら為す
旧時の見《けん》を存する勿《なか》れ　新条の知を逐《お》う莫《なか》れ
懇々《こんこん》として偏《ひと》えに参窮《さんきゅう》し　之《これ》に参じ復之《またこれ》を窮めよ
窮め窮めて窮まり無しに到り　始めて知らん従前の非を

閑名字：不要な経論、語録

この詩の作意が曖昧に思えます。「之《これ》」は仏法と解せますので、「参」を参禅と捉えるのは安易に過ぎるようです。要は物事の在り方を「ただ、これ、これ」と知ることを促しているものと思います。

86南山有梧桐　喬々数千尋
昨忝衛人顧　剪作白雲琴
一弾徹江海　再弾花寒枝
三弾入太雅　冥々不可期
不辞弾手繁　祇恨知音稀
素月夕臨戸　韶風夙抽枝

南山《なんざん》に梧桐《ごどう》有り　喬々《きょうきょう》たり数千尋《ひろ》
昨衛人《むかしえいじん》の顧《こ》を忝《かたじけな》くし　剪《き》られて白雲《はくうん》の琴と作《な》る
一《ひと》たび弾けば江海《こうかい》に徹し　再び弾けば寒枝《かんし》に花さく
三たび弾けば太雅《たいが》に入り　冥々《めいめい》として期す可《べ》からず
弾手《だんしゅ》の繁《はん》を辞せず　祇《ただ》恨むらくは知音《ちいん》稀なり
素月《そげつ》は夕べに戸《こ》に臨《のぞ》み　韶風《しょうふう》は夙《つと》に枝を抽《ぬ》く

喬：高い

韶風：和風　夙：早朝

鐘子与延陵　一去無帰期　　鐘子《しょうし》与《と》延陵《えんりょう》と　一たび去って帰る期無し　　鐘子、延陵：昔の中国の音曲の理解者

この詩も解釈が難しいです。雑詩の冒頭に出る「我有一張琴」の詩と同趣と解して良いのか、或いは「知音《ちいん》稀なり」の句から、仏法授受の難しさを詠んでいると解すべきか、迷うところです。

87憶在円通時　恒歎吾道孤　　憶《おも》う円通に在りし時　恒《つね》に吾が道の孤なるを歎《たん》ずる
運柴憶龐公　踏碓思老盧　　柴を運んで龐公《ほうこう》を憶い　碓《うす》を踏んで老盧《ろうろ》を思う
入室非敢後　朝参常先徒　　入室《にっしつ》は敢えて後《おく》るるに非ず　朝参《ちょうさん》も常に徒《と》に先んず
一自従散席　悠々三十年　　一たび席を散じて自従《よ》り　悠々三十年
山海隔中州　消息無人伝　　山海中州を隔て　消息を人の伝える無し
感恩終有涙　寄之水潺湲　　恩に感じて終《つい》に涙有り　之《これ》を水の潺湲《せんかん》に寄する　　潺湲：さらさらと流れる

最も良く知られている良寛の詩の中の一首です。二聯《れん》で中国禅宗の古老の故事を引いていますが、諸氏の解説が沢山有りますので、参考にしてください。円通寺での仏道修行によって今の自分が完成したことの恩義に涙するという、最後の聯が効いています。

88夫人之在世　如草木参差　　夫《そ》れ人之《の》世に在るや　草木《そうもく》の参差《しんし》たるが如《ごと》し　　参差：不揃い、入り混じる
共執一種見　到処互是非　　共に一種の見《けん》を執して　到る処で互に是非《ぜひ》する

似我非為是　異我是為非　我《われ》に似れば非《ひ》も是《ぜ》と為し　我に異なれば是も非と為す
唯是己所是　何知他所非　唯だ己《おのれ》が是とする所を是とし　何ぞ他の非とする所を知らんや
是非始因己　道固不若斯　是非は始めより己《おのれ》に因《よ》り　道は固《もと》より斯《か》くの若《ごと》くならず
以篙極海底　唯覚一場痴　篙《さお》を以て海底を極むるは　唯だ一場の痴と覚るべし

89昨日之所是　今日亦復非　昨日之《の》是《ぜ》とする所は　今日は亦復《またまた》非《ひ》なり
今日之所是　焉知非昨非　今日之《の》是とする所を　焉《いず》くんぞ昨の非《ひ》に非《あら》ざるを知らん
是非無定端　得失預難期　是非に定端《ていたん》無く　得失も預《あらかじ》め期《き》し難し
愚者膠其柱　何之不参差　愚者は其の柱《ことじ》に膠《にかわ》し　何《いず》くに之《ゆ》くも参差《しんし》たらざらん
有智達其源　逍遥且過時　有智《うち》は其の源《みなもと》に達し　逍遥《しょうよう》として且《しばら》く時を過す
智愚両不取　始称有道児　智愚両《ふた》つながら取らざれば　始めて有道《うどう》の児《じ》と称す

定端：決まった糸口《いとぐち》
膠其柱：融通が効かない
逍遥：ぶらぶら歩く

良寛にしては珍しく真面目《まじめ》な説法が二首続いています。単刀直入な感じがして味わい深さに欠けると思いますが、如何でしょうか。

90孟冬是十月　夙起下翠岑　孟冬《もうとう》是《こ》れ十月なり　夙《つと》に起きて翠岑《すいしん》を下る
卉木咸摧残　渓澗関無音　卉木《きぼく》は　咸《ことごとく》　摧残《さいざん》され　渓澗は関《げき》として音は無し
回首望南山　松柏正森々　首を回《めぐ》らして南山を望めば　松柏は正《まさ》に森々たり

孟冬：初冬
関：寂

当此揺落時　独保歳寒心　此の揺落《ようらく》の時に当て　独り歳寒の心を保つ　揺落：黄葉が揺れ落ちる
嗟吾胡為者　対之一長唫　嗟吾《ああ》は胡為《なんす》る者ぞ　之《これ》に対して一《いっ》に長唫《ちょうぎん》する　長唫：深く嘆き謳う

国上山千眼堂のつり橋の下を流れる川は赤谷川といわれ、これを詠んだ良寛の歌があります。この詩を、初冬に五合庵を出て、水音も殆ど聞こえなくなったこの川辺に立った折りに、これから厳しい冬を迎えるに当たっての心構えを詠んだ作品であろうと解釈しました。雑詩の特徴でしょうが、配列される作品の趣が想いのままに変わって、解釈が難しくもあり、又、鑑賞が興味深くもあると思います。

91家有猫与鼠　総是一蒙皮　家に猫与《と》鼠とが有り　総て是《こ》れ一蒙皮《もうひ》なり
猫飽白昼眠　鼠飢玄夜之　猫は飽いて白昼に眠り　鼠は飢えて玄夜《げんや》に之《ゆ》く
猫児有何能　覘生屢中機　猫児《びょうじ》に何の能《のう》か有る　生《せい》を覘《うかが》って屢《しばしば》機に中《あた》る
鼠子有何失　穿器也太非　鼠子《そし》に何の失か有る　器を穿《うが》つは太《はなは》だ非也《なり》
器穿而可補　逝者不復帰　器は穿てられれば補う可《べ》し　逝く者は復《また》帰らず
若問罪軽重　秤可傾猫児　若《も》し罪の軽重《けいちょう》を問わば　秤は猫児に傾く可《べ》し

良寛の大事な気質である、弱者への慈しみが謳われた、分かり易い喩《たと》え話《ばなし》です。

92人生一百年　汎若水上蘋　人生の一百年は　汎《はん》とした水上の蘋《うきくさ》の若《ごと》し
随波虚東西　逐浪無休晨　波に随って虚しく東西し　浪を逐《お》って休む晨《とき》無し
牟尼辞高貴　為度他沈淪　牟尼《むに》の高貴を辞せしは　他の沈淪《ちんりん》を度《わた》さんが為なり　牟尼：釈迦仏
在世八十年　説法五十春　在世は八十年　説法を五十春
留経遺永世　到今為梁津　経を留めて永世《えいせい》に遺《のこ》し　今に到るまで梁津《りょうしん》と為る　梁津：渡し場

釈迦牟尼仏陀《しゃかむにぶつだ》の讃嘆詩で所感は不要ですが、難しい語句に註釈をして置きます。「高貴を辞す」は釈迦族の王位を捨てたこと、「沈淪《ちんりん》を度《わた》す」は生死の苦界に沈んでいる凡夫を彼岸に渡すこと、「梁津《りょうしん》と為る」は経典が衆生済度の手段であることです。又、一般には釈迦の説法は四十五年間と言われていますが「説法を五十春」は語呂合わせでしょう。

93陽春二月時　桃李花参差　陽春二月の時　桃李《とうり》の花は参差《しんし》たり
高者覆舘閣　卑者当庭幃　高き者は舘閣《かんかく》を覆い　卑《ひく》き者は庭幃《ていい》に当る　幃：帳《とばり》、垂れ絹
色奪初陽艶　香入暮雲飛　色は初陽を奪って艶《つや》やかに　香は暮雲《ぼうん》に入って飛ぶ
駐輦公子酔　連袂佳人之　輦《れん》を駐めて公子は酔い　袂《たもと》を連ねて佳人《かじん》が之《ゆ》く　輦：人が引く車
一夕狂風発　満城為雪飛　一夕《いっせき》に狂風が発し　満城《まんじょう》に雪と為って飛ぶ

良寛の好んだ陽春の桃と李《すもも》の花を愛《め》でた詩で、これにも所感は不要です。「草堂詩集　天巻」に載る同趣の詩の結句は「満城に踏んで泥と為る」とありますが、「雪と為って飛ぶ」の方が綺麗で良いと思います。

94珊瑚生南海　紫芝秀北山　珊瑚《さんご》は南海に生じ　紫芝《しし》は北山《ほくざん》に秀《ひい》でる
物固有所然　古来非今年　物には固《もと》より然る所有り　古来は今年《こんねん》に非ず
伊昔少壮時　飛錫千里游　伊《こ》れ昔少壮の時に　錫《しゃく》を飛ばして千里に游ぶ
頗叩古老門　周旋凡幾秋　頗《すこぶ》る古老の門を叩き　周旋するは凡《およ》そ幾秋ぞ
所期在弘道　誰惜浮漚身　期する所は弘道《ぐどう》に在り　誰か浮漚《ふおう》の身を惜しまん　漚：泡
歳不与我共　已矣復何陳　歳は我与《われと》共ならず　已矣《やんぬる》かな復《また》何をか陳《の》べん　已矣：もうお仕舞だ
帰来絶献下　采蕨供昏晨　帰り来る絶献《ぜつけん》の下に　蕨《わらび》を采って昏晨《こんしん》に供す　昏晨：朝夕

「已矣《やんぬる》かな」の語から、この詩は絶望感を謳ったものと解しては良寛の真髄に外れると思います。ここは、「物事の在り方とはこのようなものである。」という良寛の悟境を知るべきでしょう。

95第一要参他　先須約其到　第一に他《た》に参ぜんと要せば　先ず須らく其の到《ち》を約すべし　到：旨《むね》、理《ことわり》
約到如之何　我見異彼旨　到を約すとは之《こ》れ如何《いかん》　我が見《けん》が彼の旨に異ならば　約：(到)の方から見る
暫棄我所見　偏可参彼旨　暫く我が見る所を棄てて　偏《ひと》えに彼の旨に参ず可《べ》し
已契彼旨了　於是静理会　已《すで》に彼の旨に契《かな》い了《おわ》らば　是《ここ》に於いて静かに理会《りえ》せよ　理会：理解し会得《えとく》する
何短兮何長　誰非兮誰是　何《いず》れが短か何れが長か　誰が非か誰が是か
去短而就長　去非而従是　短を去りて長に就《つ》き　非を去りて是に従い
転次如是去　進可契仏智　転次《てんじ》に是《か》くの如《ごと》くし去れば　進んで仏智《ぶっち》に契《かな》う可《べ》し

この詩は、前の詩に出る「古老の門を叩く」時の心構えを説いたものですが、最後の聯《れん》で、古老の旨を理会出来たならば、更に進んで仏智に契《かな》う可《べ》く励みなさいと謳っています。良寛はこの詩を誰に向かって詠んだのでしょうか。

96宅辺有苦竹　冷々数千干
筍迸全遮路　梢斜高払天
経霜陪精神　隔烟転幽間
宜在松柏列　何比桃李妍
竿直節弥高　心虚根愈堅
愛尓貞清質　千秋希莫遷

宅辺に苦竹《くちく》が有り　冷々《れいれい》として数千干《かん》たり
筍《じゅん》は迸《ほとばし》って全く路を遮《さえぎ》り　梢《こずえ》は高くして斜に天を払う
霜を経て精神を陪《ま》し　烟《けむり》を隔てて転《うた》た幽間《ゆうかん》たり
宜しく松柏《しょうはく》の列に在って　何《なん》ぞ桃李《とうり》の妍《けん》に比《ひ》せん
竿《さお》は直《なお》くして節は弥《いよ》いよ高く　心《しん》は虚《きょ》にして根は愈《いよ》いよ堅し
尓《なんじ》が貞清の質を愛す　希《ねが》わくは千秋《せんしゅう》遷《うつ》ること莫《な》かれ

筍：筍《たけのこ》

この詩は良寛が最も得意とする作品の一つで、全ての自筆詩集に収まり、この詩が書かれた屏風は二十曲以上が各所に所蔵されています。良寛の愛した竹の生え《はえ》方に譬えて、周りの人達に人の生き方を説くと共に、良寛自身がこのように生きようと誠心誠意を尽した生涯が偲《しの》ばれます。

郷倉千靱画「筍を楽しむ」（良寛記念館蔵）

良寛は竹をこよなく愛した

97自従一出家　任運消日子
昨日住青山　今朝遊城市
納衣百余結　一鉢知幾載
倚錫吟清夜　舗薦日裡睡
誰道不入数　伊余身即是

一たび家を出《い》でて自従《よ》り　任運に日子《にっす》を消す
昨日《さくひ》は青山《せいざん》に住し　今朝《こんちょう》は城市《じょうし》に遊ぶ
納衣《のうい》は百余結《ひゃくよけつ》　一鉢《いっぱつ》は幾載《いくさい》なるかを知らん
錫《しゃく》に倚《よ》って清夜《せいや》に吟じ　薦《むしろ》を舗《し》いて日裡《にちり》に睡《ねむ》る
誰か数に入らずと道《い》うも　伊《こ》れ余が身は即ち是《こ》れなり

唯、味わうのみです。

98記得壮年時　資生太艱難
唯為衣食故　貧里空往還
路逢有識人　為我委悉説
却見衣内宝　于今現在前
従是事交易　到処恣周旋

記得す壮年の時は　資生太《はなは》だ艱難《かんなん》なりしを
唯だ衣食の為故《ためゆえ》に　貧里《ひんり》を空《むな》しく往還する
路に有識《うしき》の人に逢い　我が為に委悉《いしつ》に説く
却《かえ》って衣内《いない》の宝を見るに　今于《に》現在前《ぜん》す
是《こ》れ従《よ》り自ら交易して　到る処　恣《ほしいまま》に周旋《しゅうせん》する

委悉：詳しく悉《ことごと》く
交易：活かす
周旋：経《へ》巡る

この詩とほぼ同じ内容で「法華讃」の「五百弟子授記品」に、偈《げ》として載っています。ここに含まれる意図は深いですので、字面《じづら》だけでは解釈出来ません。良寛が二十八歳の時に国仙和尚と行脚に出た折りに、途中で和尚と別れて独りで諸国行脚に廻り、有識の人、即ち、宗龍《そうりゅう》禅師に相見《そうけん》して、自身の衣裏の明珠を認めるに到った経緯を詠んだものと解したいです。「資生太艱難」から「貧里空往還」は「法華経」の経文に絡めた表現で、実情とは限られません。

99作善者升進　造悪者沈淪
升淪早有待　因循莫過晨
苦哉後来子　見愚富賢貧
謂無善悪報　箇是極痴人
因果有三世　如影随其身
但趁業軽重　遅速報不均
勧君能信受　勿学外道倫

善を作《な》す者は升進《しょうしん》し　悪を造る者は沈淪《ちんりん》する
升淪は早《つと》に待つ有り　因循して晨《とき》を過ごす莫《なか》れ
苦しい哉後来《こうらい》の子《し》よ　愚《ぐ》の富《とみ》と賢《けん》の貧《ひん》とを見て
善悪の報いは無しと謂《おも》えり　箇は是《こ》れ極痴の人なり
因果《いんが》は三世《さんぜ》有り　影が其の身に随う如《ごと》し
但業《ごう》の軽重を趁《お》って　遅速の報いは均《ひと》しからず
君に勧む能《よ》く信受《しんじゅ》して　外道《げどう》の倫《ともがら》に学ぶ勿《なか》れ

早有待：前世から決まっていた

因果応報の法則を良寛が信受していと思える詩ですが、これ以外に、ここまではっきりと述べた作品を知りません。又、因果の報は業の軽重を負うだけで、遅いか速いかは定まっていないという論理も他では聞かないようですが、何か典拠が有るのでしょうか。そもそもこの詩は誰に対して詠んだか分かりませんが、良寛には珍しい作品と思います。

100自白馬建基　不知幾箇春
仏法云東漸　金文遍刹塵
講経兮分料　代不無其人
吾師是胡為　迢々支那臻
提持仏心印　直下令人了
盛哉普通載　是非通小々

白馬《はくば》に基《もとい》を建てて自《よ》り　幾箇の春かを知らず
仏法が云《ここ》に東漸《とうぜん》して　金文《きんもん》は刹塵《せつじん》に遍《あまね》し
経を講じ料を分つ　代《よよ》に其の人無きにあらず
吾が師は是《こ》れ胡為《なんすれ》ぞ　迢々《ちょうちょう》と支那《しな》に臻《いた》るや
仏心印《ぶっしんいん》を提持《ていじ》して　直下《じきげ》に人をして了《りょう》せ令《し》む
盛んなる哉普通の載《とし》　是《こ》れ小々に通ずるに非ず

金文：経文　刹塵：国々
料は意味不明、科の写し違いか
吾が師：達磨
普通：梁の年号

良寛の代表作の一つ「唱導詞」の中で詠まれた仏教史の一部を抜き出した形になっていますが、これを独立した作品として、この詩集に載せた意図は何でしょうか。

101
我見行脚僧　却是可憐生
不履三刹地　謂汚納僧名
所以辞本師　茫々杖策行
一夏住此地　三冬到彼境
従采師口頭　以之充平生
相逢裁一問　依旧可怜生

我《われ》行脚《あんぎゃ》の僧を見るに　却《かえ》って是《こ》れ可憐生《かれんさん》なり
三刹《さんせつ》の地を履《ふ》まざれば　納僧《のうそう》の名を汚すと謂《おも》えり
所以《ゆえ》に本師を辞し　茫々《ぼうぼう》として策《つえ》を杖《つ》いて行く
一夏《いちげ》を此の地に住し　三冬《さんとう》は彼《か》の境に到る
従《いたず》らに師の口頭《くとう》を采《と》り　之《これ》を以て平生《へいぜい》に充《あ》てる
相《あい》逢って裁《わず》かに一問すれば　旧に依って可怜生《かれいさん》なり

当時の修行僧の行脚の風習に警句を発したものです。良寛自身も行脚に出ていますが、目的がはっきりしていました。

102
我見世間人　総為愛欲籌
求之有不得　心身更憂愁
縦恣其所欲　終是能幾秋
一受天堂楽　十為地獄囚
以苦欲捨苦　因之永綢繆
譬如清秋夜　月華中流浮

我《われ》世間の人を見るに　総て愛欲の為に籌《はか》る
之《これ》を求めて得ざること有れば　心身を更に憂愁《ゆうしゅう》する
縦《たと》い其の欲する所を恣《ほしいまま》にするも　終《つい》には是《こ》れ能《よ》く幾秋ぞ
一たび天堂の楽しみを受けて　十たび地獄の囚《しゅう》と為る
苦を以て苦を捨てんと欲せば　之《これ》に因《よ》りて永く綢繆《ちゅうびゅう》する
譬えば清秋の夜に　月華《げっか》が中流に浮び

籌《ちゅう》：図る、謀《はかりごと》をする
綢繆：多いに惑う

獮猴欲探之　相率水中投
苦哉三界子　不知何日休
遥夜熟思惟　涙下不能収

獮猴《びこう》が之《これ》を探らんと欲し　相率《あいひき》いて水中に投ずるが如《ごと》し
苦しい哉三界《さんがい》の子《し》　知らず何《いず》れの日にか休せん
遥夜《ようや》　熟《つらつら》　思惟《しゆい》して　涙が下りて収むる能《あた》わず

同じ趣の詩が74「痛哉三界客」にありましたが、ここに、この詩が収まることは、言ってもどうにもならないことは承知の上で、言わずに居られない良寛の憐憫《れんびん》の情と読みたいです。

103
凄々芒種後　玄雲鬱不披
疾雷振竟夜　暴風終日吹
洪潦襄階除　濃注湮田菑
里無童謡声　路無車馬帰
江流何滔々　回首失臨斫
凡民無小大　作役日以疲
畛界知焉在　堤塘竟難支
小婦投杼走　老農倚鋤晞
何幣帛不備　何祇神不祈
昊天杳難問　造物聊可疑
孰能乗四載　令此民有依
側聴野人話　今年黍稷滋

凄々《せいせい》たる芒種《ぼうしゅ》の後　玄雲鬱《げんうんうつ》として披《ひら》けず
疾雷《しつらい》が竟夜《きょうや》に振い　暴風が終日吹く
洪潦《こうろう》が階除に襄《のぼ》り　濃注は田菑《でんし》を湮《しず》むる
里《さと》に童謡の声は無く　路に車馬の帰える無し
江流《こうりゅう》は何んぞ滔々《とうとう》たる　首を回《めぐら》せば臨沂《りんき》を失す
凡民《はんみん》に小大無く　作役《さえき》は日を以て疲れる
畛界《しんかい》は焉《いずく》に在るかを知らん　堤塘《ていとう》も竟《つい》に支え難し
小婦は杼《ひ》を投じて走り　老農は鋤《すき》に倚《よ》って晞《のぞ》む
何の幣帛《へいはく》か備わざる　何の祇神《ししん》にか祈らざる
昊天《こうてん》は杳《よう》として問い難く　造物《ぞうぶつ》も聊《いささ》か疑う可《べ》し
孰《たれ》か能《よ》く四載《しさい》に乗り　此の民の依るを有ら令《し》めんか
側《がわ》にて野人の話を聴けば　今年は黍稷《しょしょく》が滋《しげ》しと

凄々：厳寒　芒種：芒《のぎ》類の種播《たねまき》時
洪潦：大雨の水　濃注は意味不明
田菑：田圃
斫《しゃく》は沂《ほとり》の誤り臨沂は河岸
畛界：畦道《あぜみち》
杼：水を汲む具か
昊天：大空
幣帛：供え物　祇：土地神
四載：四種の乗物、中国故事
黍稷：黍《きび》等の穀類

人工倍居常　寒温得其時　人工《じんこう》は居常《きょじょう》に倍し　寒温《かんおん》も其の時を得たり
深耕兮疾耘　晨往夕顧之　深く耕し疾《しっ》を耘《くさぎ》り　晨《あした》に往《ゆ》きて夕に之《これ》を顧みる
一朝払地耗　如之何無罹　一朝にして地を払って耗《そこ》なえば　之《これ》を如何《いかん》ぞ罹《うれ》い無からん

疾耘《しつうん》：病を除く

難しい字句が多く使われていますが、写し間違いも数箇所有るようです。天災に苦しむ農民達を哀れんで詠んだ詩は、２「伊勢道中…」以来ですが、他の詩集には載っていませんので、良寛が五十五歳以降の作品と思います。歴史の本に良寛が五十九歳の文化十三年に畿内・東海で風雨、洪水とありますが、越後の良寛にも情報が達したのでしょうか。

104 従参曹渓道　千峰深閉門　曹渓《そうけい》の道に参じて従《よ》り　千峰《せんぽう》深くに門を閉ざす
藤纏老樹暗　雲埋幽石寒　藤が老樹を纏《まと》いて暗く　雲は幽石《ゆうせき》を埋《うず》めて寒し
拄杖朽夜雨　袈裟老暁烟　拄杖《しゅじょう》は夜雨《やう》に朽ち　袈裟は暁烟《ぎょうえん》に老ゆる
無人問消息　年々又年々　人の消息を問う無く　年々又年々

105 昨日出城市　乞食西又東　昨日城市《さくじつじょうし》に出《い》で　食《じき》を乞うて西又東
肩痩覚嚢重　衣単知霜濃　肩は痩《や》せて嚢《ふくろ》の重きを覚え　衣は単《ひとえ》にして霜の濃きを知る
旧友何処去　新知少相逢　旧友は何処《いずこ》にか去る　新知も相逢《あい》うこと少なし
行到行楽地　松柏多非風　行きて行楽の地に到れば　松柏に非風多し

106我有拄杖子　不知何代伝
皮膚長消楽　唯有貞実在
曽経試深浅　幾回喫険難
如今靠東壁　等閑過流年

我《われ》に拄杖子《しゅじょうし》有り　何《いず》れの代より伝うるかを知らず
皮膚は長く消落《しょうらく》して　唯だ貞実《ていじつ》の在《そん》する有るのみ
曽経《かつて》は深浅を試み　幾回か険難を喫す
如今《じょこん》は東壁《とうへき》に靠《よ》り　等閑《とうかん》に流年《るねん》を過す

靠：もたれる

良く知られている、乞食《こつじき》僧良寛の生業《なりわい》を謳った詩が三首続いて載りました。分り易くて語釈は不要でしたが、表現が概念化されている箇所が有ります。

107我従住此中　不知幾箇時
困来伸足睡　健則著履之
従他世人讃　任你世人嗤
父母所生身　髄縁須自怡

我《われ》此の中に住して従《よ》り　幾箇の時なるかを知らず
困じ来たれば足を伸ばして睡《ねむ》り　健《すこや》かなれば則《すなわ》ち履《くつ》を著《つ》けて之《ゆ》く
従他《さもあればあれ》世人の讃えることを　任你《さもあらばあれ》世人の嗤《わら》うことを
父母所生《しょしょう》の身は　縁に髄って須《すべか》らく自ら怡《よろこ》ぶべし

更に騰々任運《とうとうにんうん》の生き様《よう》を自負した作品が続きました。ここで、国仙和尚の印可《いんが》の偈《げ》や大忍《だいにん》が「無礙集《むげしゅう》」に載せた「懐良寛道人」の詩が想い起こされます。

108可怜美少年　神姿何雍容
手把白玉鞭　馳馬垂楊中

怜《あわれ》む可《べ》し美少年　神姿《しんし》は何ぞ雍容《ようよう》たる
手に白玉《はくぎょく》の鞭《むち》を把り　馬を垂楊《すいよう》の中に馳《は》す

雍容：温雅

楼上誰家女　鳴箏当綺窓　楼上は誰が家の女《むすめ》ぞ　箏《そう》を鳴らして綺窓《きそう》に当る　箏：琴の昔の名
遥見飛紅塵　聯翩向新豊　遥かに紅塵《こうじん》を飛ばすを見れば　聯翩《れんぺん》として新豊《しんぽう》に向かう　聯翩：鳥が連なり飛ぶ

この詩は「少年老い易し」を憐れんで詠んだように解せますが、新豊に向かう少年を見送る女《むすめ》を憐れむ意味にも解せます。果たして何《いず》れでしょうか。

109
尋思少年日　不知有吁嗟　少年の日を尋思《じんし》すれば　吁嗟《うさ》有ることを知らず　尋思：つくづくと思う
好著黄鶯衫　能騎白鼻騧　好んで黄鶯《こうが》の衫《さん》を著《き》て　能《よ》く白鼻《はくび》の騧《か》に騎《の》る
朝出新豊市　暮酔杜陵花　朝《あした》に新豊《しんぽう》の市《いち》に出《い》で　暮に杜陵《とりょう》の花に酔う
帰来知何処　直指莫愁家　帰り来たるは何処《いずこ》かを知んぬ　直《じき》に莫愁《ばくしゅう》が家を指す

110
宇内有其人　永劫阿誰難　宇内《うだい》に其の人有り　永劫阿誰《たれ》か難ぜん　宇内：世の中
升堂不見面　雇人語言伝　堂に升《のぼ》るも面《おもて》を見ず　人を雇いて語言《ごげん》を伝う
拈空為山嶨　畳石作波瀾　空を拈じて山嶨《さんがく》と為し　石を畳んで波瀾と作《な》す
有時出康衢　伸手乞一銭　時に有って康衢《こうく》に出《い》で　手を伸ばして一銭を乞う　康衢：四通八達《しつうはったつ》の大通り

以上、盛者必衰《しょうじゃひっすい》を警告した作品が三首続きました。各々に具体的な対象者が居たか否かは分かりませんが、古詩等を典拠とした語句が散り嵌められて、良寛自身が作詩を楽しんだようにも思えます。

111 襤褸又襤褸　襤褸是生涯
食裁取路辺　家実委蒿莱
看月終夜嘯　迷花言不帰
自一出保社　錯為箇駑駘

襤褸《らんる》又襤褸　襤褸は是《こ》れ生涯なり
食《じき》は裁《わず》かに路辺に取り　家は実に蒿莱《こうらい》に委す
月を看て終夜嘯《うそぶ》き　花に迷いて言《ここ》に帰らず
一《ひと》たび保社《ほしゃ》を出でて自《よ》り　錯《あやま》って箇《こ》の駑駘《どたい》と為る

襤褸：襤褸《ぼろ》衣
嘯：詩や歌を口ずさむ
駑駘：鈍い馬、無才者

112 終日乞食罷　帰来掩蓬扉
炉焼帯葉柴　静読寒山詩
西風吹夜雨　颯々灑茅茨
時伸双脚臥　何思又何疑

終日食《じき》を乞い罷《おわ》り　帰り来って蓬扉《ほうひ》を掩《とざ》す
炉に帯葉《たいよう》の柴を焼《た》き　静かに寒山の詩を読む
西風《せいふう》が夜雨《やう》を吹き　颯々《さつさつ》と茅茨《ぼうし》に灑《そそ》ぐ
時に双脚《そうきゃく》を伸ばして臥《ふ》し　何をか思い又何をか疑わん

二首共、所感は不要で、只、何度も口荒《くちずさ》んで味わうのみです。

113 大哉解脱服　無想福田衣
仏々方正伝　祖々親受持
非広復非狭　非布也非絲
恁麼奉行去　始称衣下児

大いなる哉解脱《げだつ》の服は　無想福田《ふくでん》の衣《い》なり
仏々が方《まさ》に正伝《しょうでん》し　祖々も親しく受持《じゅじ》したり
広きに非ず復《また》狭きに非ず　布に非ず也《また》絲に非ず
恁麼《いんも》に奉行し去って　始めて衣下《えげ》の児《じ》と称すべし

解脱服：袈裟

終生、袈裟を身に着けて過ごした良寛の自負が感じられます。

114 生涯懶立身　騰々任天真
嚢中三升米　炉辺一束薪
誰問迷悟跡　何知名利塵
夜雨草庵裏　双脚等閑伸

生涯身を立つるに懶《ものう》く　騰々《とうとう》と天真《てんしん》に任す
嚢中《のうちゅう》には三升の米　炉辺には一束《ひとたば》の薪《たきぎ》
誰か問わん迷悟《めいご》の跡を　何《なん》ぞ知らん名利《みょうり》の塵を
夜雨草庵《やうそうあん》の裏《うち》に　双脚《そうきゃく》を等閑《とうかん》に伸ばす

自他共に認める秀作で、何も言うことは有りません。

115 一路万木裏　千山杳靄間
先秋葉正落　不雨巌常暗
持籃采木耳　携瓶汲石泉
自非迷路子　能無到此間

一路万木《ばんぼく》の裏《うち》　千山杳靄《せんざんようあい》の間
秋に先だちて葉は正に落ち　雨《あめふ》らざるに巌《いわお》は常に暗し
籃を持して木耳《もくじ》を采《と》り　瓶を携えて石泉《せきせん》を汲む
迷路の子《し》に非ざる自《よ》りは　能《よ》く此間《しかん》に到ること無し

杳靄：深くて暗い
木耳：きくらげ

自嘲《じちょう》に謳って自負を読み取らせる所に良寛詩の味わいが有ると思います。

116 冥目千嶂夕　人間万慮空
寂々倚圃団　寥々対虚窓
香消玄夜永　衣単白露濃
定起庭際歩　月上最高峰

冥目《めいもく》す千嶂《せんしょう》の夕べ　人間《じんかん》は万慮《まんりょ》が空《むな》し
寂々《せきせき》として圃団《ほとん》に倚《よ》り　寥々《りょうりょう》として虚窓《きょそう》に対す
香《こう》は消えて玄夜《げんや》は永く　衣は単《ひとえ》にして白露《はくろ》は濃《こ》し
定《じょう》より起きて庭際《ていさい》を歩めば　月は最高峰に上る

冥目：瞑想《めいそう》　千嶂：峻険《しゅんけん》な山
寂々も寥々も淋しいさま

坐禅に通じた良寛と雖も、老躯《ろうく》の山住は寂寥《せきりょう》にして安眠し難いことでしょう。その時にも「人間万慮空」と「月上最高峰」の句を並べることの出来る、良寛の悟りの境地を学ぶ可《べ》きと思います。

117草虫何嘤々　烟火弁四隣
焼柴終遥夕　織蓆給来春
合家団圝話　無偽亦無真
不似城中士　磬折錯此身

草虫《そうちゅう》は何ぞ嘤々《ようよう》たる　烟火《えんか》に四隣を弁ず
柴を焼いて遥夕《ようせき》を終え　蓆を織《お》って来春に給す
合家団圝《ごうかだんらん》の話に　偽《ぎ》も無く亦真《またしん》も無し
似ず城中の士の　磬折《けいせつ》して此の身を錯《あやま》るに

結句の「磬折」は、立ったままで腰を前に曲げる様《さま》、即ち、身を屈《かが》めてぺこぺこすることを言いますが、大変に面白い表現と思います。このようにして城中の士、即ち、町中の人達は身を持ち崩す一方で、田舎の人達の仕事が終わった後の一家団欒《だんらん》に何の蟠《わだかま》りも無い様子が手に取るように伝わってきます。

118秋夜々正長　軽寒侵我茵
已近耳順歳　誰憐幽独身
雨歇滴漸細　虫啼声愈頻
覚言不能寝　側枕到清晨

秋夜《しゅうや》の夜は正《まさ》に長く　軽寒は我が茵《しとね》を侵す
已《すで》に耳順《じじゅん》の歳《とし》に近く　誰か幽独の身を憐れまん
雨は歇《や》んで滴《したた》りは漸く細く　虫が啼いて声は愈 頻《いよいよしき》りなり
覚めて言《ここ》に寝《い》ぬる能《あた》わず　枕を側《そばだ》てて清晨《せいしん》に到る

耳順歳：六十歳

詩集の始に載った「聞之則物故」の詩が良寛五十五歳以降に詠まれ、この詩が六十歳以前に詠まれていますので、この詩集は、良寛が五合庵から乙子神社の草庵に移り住む直前に編まれたものと推測されます。
秋は日暮れが早いので早目に床に着きましたが、夜中に一度眼が覚めると、もう眠れないと嘆いています。しかし、結句の「…清晨《せいしん》に到る」が綺麗な表現と思います。

119玄冬十一月　雨雪正霏々
千山同一色　万径人行稀
昔遊総作夢　草門深掩扉
終夜焼榾柮　静読古人詩

玄冬《げんとう》の十一月　雨雪《うせつ》は正《まさ》に霏々《ひひ》たり
千山《せんざん》は同じく一色《いっしき》　万径《ばんけい》を人の行くは稀《まれ》なり
昔遊《せきゆう》は総《すべ》て夢と作《な》り　草門《そうもん》は深く扉を掩《とざ》す
終夜に榾柮《こちとつ》を焼《た》いて　静かに古人の詩を読む

玄冬：冬の深まった
同一色：白一色の雪景色

すっかりと雪に掩《おお》われた冬の五合庵で詠まれた作品ですが、「古人の詩を読む」は以前に読んだことのある詩集の再読でしょう。数首前の詩には「寒山の詩を読む」と有り、良寛が多くの詩集に目を通していたことが分かります。

120金羈遊侠子　志気何揚々
維馬垂楊下　結客少年場
一朝千金尽　轗軻誰看傷
帰来問旧閭　歳寒四壁荒

金羈《きんき》の遊侠子《ゆうきょうし》よ　志気は何んと揚々《ようよう》たる
馬を垂楊《すいよう》の下に維《つな》いで　客と少年の場《じょう》を結ぶ
一朝《いっちょう》に千金は尽き　轗軻《かんか》を誰か看て傷《いた》まん
帰来して旧閭《きゅうりょ》を問えば　歳寒《さいかん》に四壁《しへき》は荒れたり

金羈：金の馬の手綱《たづな》
轗軻：志を得ず不遇な様《さま》
旧閭：昔の住まい

がらりと趣が変わりましたが、誰か身近な若者を想って詠まれた作品でしょうか。ここでも語彙の豊かさに感服です。

121
三越多佳麗　翺翔緑水浜
斜載白玉釵　軽払紅羅裙
拾翠遺公子　折花調路人
可怜嬌艶態　歌笑日紛々

三越《さんえつ》に佳麗《かれい》は多し　緑水《りょくすい》の浜に翺翔《こうしょう》する
白玉《はくぎょく》の釵《さい》を斜に載《いただ》き　紅羅《こうら》の裙《くん》を軽く払う
翠《すい》を拾って公子に遺《おく》り　花を折って路人《ろじん》を調《しらべ》る
怜《あわれ》む可《べ》し嬌艶《きょうえん》の態にて　歌笑《かしょう》し日に紛々《ふんぷん》たり

翺翔：さまよい歩《あゆ》む
釵：簪《かんざし》　裙：婦人の下裳《はかま》
紛々：入り混じって乱れる

122
柳娘二八歳　春山折花帰
帰来日已夕　疎雨湿燕支
回首若有待　褰裳歩遅々
行人皆佇立　道是誰氏児

柳娘《りゅうじょう》は二八の歳《とし》　春山《しゅんざん》に花を折って帰る
帰り来たれば日は已《すで》に夕なり　疎雨《そう》は燕支《えんじ》を湿《うるお》す
首を回《めぐ》らして待つ有るが若《ごと》し　裳《もすそ》を褰《かか》げて歩みは遅々たり
行人《こうじん》は皆佇立《ちょりつ》して　是《こ》れ誰氏《すいし》の児《じ》ぞと道《い》う

燕支：紅

柳娘には花街の妓の意味がありそうですが、この詩では、若くて美しい娘さんのことと解釈したいです。しかし、単なる美人賛歌ではなく、前の詩と共に美人薄命を警告した作品であると思います。

123
心水何澄々　望之不見端
一念纔瞥起　万像堆其前
執之以為有　乗之不永還
苦哉狂酔子　竟被纏十纏

心水《しんすい》は何んぞ澄々《ちょうちょう》たる　之《これ》を望むも端《たん》を見ず
一念が纔《わず》かに瞥起《べっき》すれば　万像《ばんぞう》が其の前に堆《うずたか》し
之《これ》に執して以て有《う》と為し　之《これ》に乗じて永く還《かえ》らず
苦しい哉狂酔の子《し》よ　竟《つい》に十纏《じってん》に纏《まと》わ被《れ》る

瞥起：ちらりと起こる
十纏：十種の煩悩

冒頭の「心水」は、心が万象を映《うつ》して動揺し、染と浄とが有ることを水に譬えた語とのことです。これが分かりますと、この詩は実に美しい良寛の説法であり、素直に拝聴す可《べ》きものと思えます。

124
我見講経人　雄弁如流水　　我《われ》経を講ずる人を見るに　雄弁にして流水《るすい》の如《ごと》し
五時与八教　説得太無比　　五時与八教《ごじとはっきょう》とを　説き得て太《はなは》だ比無し
自称為有識　諸人皆作是　　自ら称して有識《うしき》と為し　諸人《しょじん》も皆是《ぜ》と作《な》すも
却問本来事　一箇不能使　　却って本来の事《じ》を問えば　一箇も使うこと能《あた》わず

「五時」は釈尊が説法をした時期を五つに分けた考え方で、「八教」は釈尊の教えを八に分けた考え方です。これは天台宗で説かれた教法だそうですが、この詩は単に天台宗批判ではなくて、当時の仏教界全般を指しているのでしょう。

125
廬雖在孤峯　身如浮雲然　　廬《いおり》は孤峯《こほう》に在ると雖も　身は浮雲の如《ごと》く然《しか》り
江村風月夕　孤錫静叩門　　江村《こうそん》風月の夕べに　孤錫《こしゃく》にて静かに門を叩《たた》く
人間淡心事　牀頭茶烟濃　　人間《じんかん》の心事《しんじ》は淡く　牀頭《しょうとう》の茶烟《さえん》は濃《こ》し　　牀頭：枕元
遮莫秋夜長　鑚燭南窓前　　遮莫《さもあらばあれ》秋夜《しゅうや》の長きに　南窓《なんそう》の前に燭《しょく》を鑚《き》る

「鑚燭」は手燭《てしょく》の芯を切って灯《ひ》を明るくする意味でしょうか。この詩は他の詩集には無く、この詩集に初めて載ります。渡部の阿部家を訪れた折りの作でしょうか。詩の意図が良く分かりません。

126 孤鶴摩九霄　群雀噪東籬
潜虬蔵深淵　狂猿戯高枝
小大得其処　動静各有為
盛饌供鶏鶋　雖美不充飢

孤鶴《こかく》は九霄《きゅうしょう》を摩《ま》し　群雀《ぐんじゃく》は東籬《とうり》に噪《さわ》ぐ
潜虬《せんきゅう》は深淵に蔵《かく》れ　狂猿《きょうえん》は高枝《こうし》に戯《たわむ》れる
小大は其の処を得て　動静も各《おのおの》に為す有り
盛饌《せいせん》を鶏鶋《えんきょ》に供し　美《うつく》しと雖も飢を充《み》たさず

九霄：九天の内の最も高い所
虬：蛟《みずち》又は角の無い竜
鶏鶋：鵜の類か

この誌も、この詩集に初めて載ります。難しい語彙が並びますが詩作の意図は何でしょうか。

127 孤拙兼疎慵　我非出世機
一鉢到処携　布嚢也相宜
時来寺門傍　偶与児童期
生涯何所似　騰々且過時

孤拙《こせつ》と疎慵《そよう》とを兼ね　我《われ》は出世の機に非ず
一鉢《いっぱつ》を到る処に携え　布嚢《ふのう》も也相宜《またあいよろ》し
時に寺門《じもん》の傍に来り　偶《たまたま》 児童与《と》期す
生涯何の似たる所ぞ　騰々《とうとう》と且《しばら》く時を過す

良寛の得意な作品で所感は不要です。

128
言語常易出　理行常易虧
以斯言易出　逐彼行易虧
弥逐則弥虧　愈出則愈非
潑油救火聚　都是一場痴

言語は常に出で易《い》く　理行《りぎょう》は常に虧《か》け易し
斯《こ》の言《げん》の出で易《い》きを以て　彼《か》の行《ぎょう》の虧《か》き易きを逐《お》う
弥《いよいよ》逐《お》えば則《すなわ》ち弥《いよいよ》虧《か》き　愈《いよいよ》出《い》だせば則《すなわ》ち愈《いよいよ》非なり
油を潑《そそ》いで火聚《かじゅ》を救うは　都《すべ》て是《こ》れ一場の痴なり

理行：真理に適った行為

良寛の愛語と戒語の遺墨は良く知られていて、この詩でも言葉の使い方と理に適った行《おこな》いの大切さが説かれています。

129
荏苒歳言暮　昊天降粛霜
千山木葉落　万径少人行
永夜焼乾葉　時聴風雨声
回首憶往事　都是夢一場

荏苒《じんぜん》として歳《とし》も言《ここ》に暮れ　昊天《こうてん》より粛霜《しゅくそう》を降らす
千山《せんざん》の木葉《もくよう》は落ち　万径《ばんけい》は人の行くは少なし
永夜《えいや》に乾葉《かんよう》を焼《た》き　時に風雨の声を聴く
首を回《めぐ》らして往事を憶《おも》えば　都《すべ》て是《こ》れ一場の夢なり

荏苒：時が過ぎ易い

130
千峰一草堂　終身粗布衣
任生口辺醭　懶掃頭上灰
已無銜花鳥　何有当鏡台
無心逐流俗　信人呼癡獃

千峰《せんぽう》の一草堂《いっそうどう》に　終身を粗布《そふ》の衣《ころも》
口辺に醭《ぼく》の生ずるに任し　頭上の灰も掃うに懶《ものう》し
已《すで》に花を銜《ふく》む鳥は無く　何《なん》ぞ鏡に当る台や有らん
流俗《るぞく》を逐《お》う心は無く　人の癡獃《ちがい》と呼ぶに信《まか》す

醭：黴《かび》

「街花鳥」は修行僧を讃える鳥を、又、「当鏡台」は祖師方の教えを譬えた禅語のようです。しかし、良寛はその意味には余り拘らず、「ただ、これ、これ」の生き様《よう》を謳ったものと思います。

131
遥夜草堂裏　払拭竜唇琴
調于白雲高　声徹碧潭深
洋々盈万壑　颯々度千林
自非鐘子期　難弁箇中音

遥夜《ようや》の草堂《そうどう》の裏《うち》にて　竜唇《りゅうしん》の琴を払拭《ふっしょく》する
調べは白雲を于《お》して高く　声は碧潭《へきたん》を深く徹《とお》す
洋々《ようよう》として万壑《ばんがく》に盈《み》ち　颯々《さつさつ》として千林を度《わた》る
鐘子期《しょうしき》に非《あら》ざる自《ろ》りは　箇中の音を弁じ難し

鐘子期：春秋時代の知音《ちいん》

132
終日望烟村　展転乞食之
日夕山路遠　烈風欲断髭
納衣半如烟　木鉢古更奇
未厭飢寒苦　古来多如斯

終日烟村《えんそん》を望み　展転と食《じき》を乞うて之《ゆ》く
日夕《にっせき》の山路は遠く　烈風が髭《ひげ》を断たんと欲《ほっ》す
納衣《のうい》は半ば烟《けむり》の如《ごと》く　木鉢《もくはつ》は古くて更に奇なり
未だ飢寒《きかん》の苦を厭《いと》わず　古来《いにしえよ》り多くは斯《か》くの如《ごと》し

133
何俗之孤薄　思之亦可怜
見義潜抽身　聞利競頭奔
挙世赴険巇　無人希冉顔
勧君早終事　帰耕南畝田

何《なん》ぞ俗之孤薄《のこはく》なる　之《これ》を思えば亦《また》怜《あわ》れむ可《べ》し
義《ぎ》を見ては潜《ひそ》かに身を抽《ひ》き　利《り》を聞いては頭《こうべ》を競って奔《はし》る
世を挙げて険巇《けんぎ》に赴《おもむ》き　人の冉顔《ぜんがん》を希《こいねが》うは無し
君に勧むるは早く事《こと》を終え　帰えって南畝《なんぽ》の田を耕《たがや》せよと

険巇：険しく危うい

「冉顔」は「論語」に載る、孔子の弟子の冉伯牛《ぜんはくぎゅう》と顔回《がんかい》の名前です。良寛は晩年に「論語」の抄録を暗記で書き残す程に、幼い時に学んだ「論語」に精通していましたが、詩の中に「論語」が引用される例は少ないです。

134
問古々已過　思今々亦然
展転無蹤跡　誰愚又誰賢
随縁消時日　保己待終焉
飄我来此地　回首二十年

古《いにしえ》を問えば古《いにしえ》は已《すで》に過ぎ　今を思えば今も亦然《またしか》り
展転として蹤跡《しょうせき》は無く　誰が愚《ぐ》か又誰が賢《けん》か
縁《えん》に随って時日《じじつ》を消し　己《おのれ》を保って終焉《しゅうえん》を待つ
飄《ひょう》として我《われ》此の地に来《き》たり　首を回《めぐ》らせば二十年なり

飄：彷徨《さまよ》って

この詩も、この詩集に初めて載ります。結句に「此の地に来たり…二十年」とありますが、良寛が国上山の五合庵に仮住まいした歳を四十歳としますと、六十歳に近い時の作品となります。

135
今年非去年　今時異往時
旧友何処去　新知漸已非
況属揺落晩　山川歛光輝
到処不可意　無見不凄其

今年《こんねん》は去年に非ず　今時《こんじ》は往時《おうじ》に異なる
旧友は何れの処にか去る　新知も漸《ようや》く已《すで》に非なり
況んや揺落《ようらく》の晩に属《およ》んで　山川《さんせん》の光輝《こうき》を歛《おさ》むるは
到る処が意に可《か》ならず　見て凄其《せいき》ならざるは無し

漸已非は意味不明
凄其：寂しい

136
寥々春已暮　寂々長閉門

寥々《りょうりょう》として春は已《すで》に暮れ　寂々《せきせき》として長く門を閉す

参天藤竹暗　没階薬草繁
鉢嚢長挂壁　香炉更無烟
蕭灑物外境　終宵啼杜鵑

天に参《まじわ》って藤竹《とうちく》は暗く　階を没して薬草は繁る
鉢《はち》と嚢《ふくろ》は長く壁に挂《か》かり　香炉は更に烟《けむり》無し
蕭灑《しょうさい》たり物外《もつげ》の境《きょう》は　終宵《しゅうしょう》を杜鵑《とけん》が啼く

杜鵑：ほととぎす

「蕭灑物外境」は「世間の事柄を超越した絶対の境地は俗気《ぞくけ》が無くて清らか」という意味ですが、良寛の心を読むならば、もっと易しい表現で解釈したいものです。

137
孤峯独宿夜　雨雪思消然
玄猿響山椒　冷澗閉潺湲
窓前鐙火凝　牀頭硯水乾
徹夜耿不寝　吹毫聊成篇

孤峯《こほう》に独宿《どくしゅく》の夜　雨雪《うせつ》に思い消然《しょうぜん》たり
玄猿《げんえん》は山椒《さんしょう》に響き　冷澗《れいかん》は閉《と》ざして潺湲《せんかん》たり
窓前《そうぜん》の鐙火《とうか》は凝《こ》り　牀頭《しょうとう》の硯水《けんすい》は乾く
夜を徹し耿《こう》として寝《い》ねられず　毫《ふで》を吹いて聊《いささ》か篇を成す

消然は他の詩集で悄然《しょうぜん》とあります
山椒は山頂か　潺湲：流水の音
牀頭：枕元
耿々：眼が冴《さ》える

138
吾師来東土　是非小々縁
游梁々不遇　適魏々誰憐
直上嵩峯頂　一坐経九年
晩接曠達士　慧命従茲伝

吾が師の東土《とうど》に来《きた》るは　是《こ》れ小々の縁に非ず
梁《りょう》に游ぶも梁は遇せず　魏《ぎ》に適《ゆ》くも魏の誰か憐まん
直に嵩峯《すうほう》の頂《いただ》きに上《のぼ》り　一坐して九年を経たり
晩に曠達《こうたつ》の士を接し　慧命《えみょう》は茲《こ》れ従《よ》り伝わる

吾師：達磨
曠達士：慧可《えか》

突然に達磨さんの賛が出てきました。「碧巌録《へきがんろく》」第一則の「武帝《ぶてい》達磨に問う」が有名な公案です。

139
天気稍和調　飛錫作春游
渓澗水涓々　山林鳥啾々
或伴僧侶往　復投友人休
生涯何所似　汎彼不繫舟

140
誰家不喫飯　為何不自知
伊余出此語　時人皆相嗤
尓与嗤我語　不如退思之
思之若不休　必有可嗤時

141
誰家不喫飯　為何不自知
伊余出此語　時人皆相嗤
尓与嗤我語　不如無自欺
若得無自欺　始知我語奇

142
誰家不喫飯　為何不自知
伊余出此語　時人皆相嗤

天気は稍《やや》和調し　錫《しゃく》を飛ばして春游《しゅんゆう》を作《な》す
渓澗の水は涓々《けんけん》たり　山林の鳥は啾々《しゅうしゅう》たり
或いは僧侶を伴《とも》ないて往《ゆ》き　復《また》友人に投じて休む
生涯は何に似たる所ぞ　汎《はん》たる彼《か》の繫《つな》がざる舟か

涓々：ちょろちょろと流れる

誰が家か飯《はん》を喫せざらんかを　何為《なんす》れぞ自ら知らざるや
伊《こ》れ余が此の語を出《い》だせば　時人《ときびと》は皆相嗤《あいわら》う
尓《なんじ》よ我が語を嗤う与《よ》りは　退《しりぞ》いて之《これ》を思うに如《し》かず
之《これ》を思いて若《も》し休《や》まざれば　必ずや嗤う可《べ》き時は有らん

誰が家か飯《はん》を喫せざらんかを　何為《なんす》れぞ自ら知らざるや
伊《こ》れ余が此の語を出《い》だせば　時人《ときびと》は皆相嗤《あいわら》う
尓《なんじ》よ我が語を嗤う与《よ》りは　自ら欺《あざむ》くこと無きに如《し》かず
若《も》し自ら欺くこと無きを得れば　始めて我が語の奇《き》なるを知らん

誰が家か飯《はん》を喫せざらんかを　何為《なんす》れぞ自ら知らざるや
伊《こ》れ余が此の語を出《い》だせば　時人《ときびと》は皆相嗤《あいわら》う

時人嗤尚可　我亦欲嗤之　時人の嗤うは尚可なり　我《われ》も亦之《またこれ》を嗤わんと欲《ほっ》す
嗤々倘不休　直到弥勒時　嗤い嗤いて倘《も》し休《や》まざれば　直に弥勒《みろく》の時に到らん

他の詩集にも載りますのが、捏《こ》ねました作品を三首続けた、良寛の意図は何でしょうか。

143 粛々天気清　哀々鴻雁飛　粛々《しゅくしゅく》として天気は清く　哀々《あいあい》として鴻雁《こうがん》は飛ぶ
草々日西頽　淅々風吹衣　草々《そうそう》として日は西に頽《かたむ》き　淅々《せきせき》として風は衣《ころも》を吹く
漫々玄夜永　浩々白露滋　漫々《まんまん》として玄夜《げんや》は永く　浩々《こうこう》として白露《はくろ》は滋《しげ》し
我亦従此去　寥々掩柴扉　我《われ》も亦此従《またここよ》り去り　寥々《りょうりょう》として柴扉《さいひ》を掩《お》わん

正《まさ》に良寛の遊び心が楽しめます。

144 道妄一切妄　道真一切真　妄《もう》と道《い》えば一切が妄で　真《しん》と道《い》えば一切が真なり　妄：誤り　真：まこと
真外更無妄　妄外別無真　真の外《ほか》に更に妄は無く　妄の外に別に真は無し
如何修道子　只管欲覔真　如何《いかん》ぞ修道の子《し》よ　只管《ひたすら》に真を覔《もと》めんと欲すや
試要孚底心　是妄乎是真　試みに孚底《ふてい》の心を要《ただ》せば　是《こ》れ妄か是《こ》れ真か　孚《ふ》はまこと、捉えるの意

最後の聯《れん》の読みが良く分かりません。意味は、修道の子《し》は真だけを覔《もと》めようとするが、その心の底は妄か真か

と問うているものと思います。因《ちな》みに他の詩集では「試要覓底心　是妄乎是真」とあります。

145 静夜虚窓下　打坐擁納衣
臍与鼻孔対　耳当肩頭垂
窓白月始出　雨歇滴猶滋
可怜此時意　寥々只自知

静夜《せいや》に虚窓《きょそう》の下《もと》で　打坐《だざ》して納衣《のうい》を擁《よう》す
臍与鼻孔《ほぞとびこう》とを対し　耳は肩頭《けんとう》に当って垂れる
窓は白くして月は始めて出《い》で　雨は歇《や》んで滴《したた》りは猶滋《なおしげ》し
怜《あわれ》む可《べ》し此の時の意を　寥々《りょうりょう》として只自ら知るのみ

臍：へそ

146 維時八月朔　托鉢入市鄽
千門平旦開　万戸斜水烟
宿雨浄道路　秋風揺金環
遅々乞食去　法界廓無辺

維《こ》れ時は八月の朔《ついたち》なり　鉢に托《たく》して市鄽《してん》に入《い》る
千門が平旦《へいたん》に開き　万戸《ばんこ》は水烟《すいえん》が斜なり
宿雨《しゅくう》が道路を浄《きよ》め　秋風《しゅうふう》は金環《きんかん》を揺《ゆ》する
遅々として食《じき》を乞い去れば　法界《ほっかい》は廓《かく》として無辺なり

平旦：早朝
宿雨：昨夜来の雨
廓：広い

147 人生浮世間　忽如陌上塵
朝為少年子　薄暮作霜鬢
都為心不了　永劫枉苦辛
為問三界子　何似為去津

人は浮世《ふせい》の間に生き　忽《こつ》として陌上《はくじょう》の塵の如《ごと》し
朝に少年子《しょうねんし》為《た》るも　薄暮には霜鬢《そうひん》と作《な》る
都《すべ》て心の了《りょう》せざるが為に　永劫を枉《ま》げて苦辛する
為に三界《さんがい》の子《し》に問う　何を似て去津《きょしん》と為《な》すやと

忽：微《かす》か、小さい
了：解《わか》る、悟る
津：渡し場

148
我昔学静慮　微々調気息
如此経歳霜　殆至忘寝食
縦得安閑処　蓋縁修行力
争如達無作　一得即永得

我《われ》は昔に静慮《じょうりょ》を学び　微々《びび》として気息を調《ととの》う
此《か》の如《ごと》く歳霜《さいそう》を経て　殆《ほと》んど寝食を忘れるに至る
縦《たと》い安閑《あんかん》の処を得るは　蓋《けだ》し修行の力に縁《よ》るも
争《いか》でか如《し》かん無作《むさ》に達し　一得《いっとく》即ち永得《ようとく》するに

前の詩の「心不了」と、この詩の「達無作」は、良寛の悟りの境地を知る要《かなめ》で、解釈には注意を要します。

149
因指見其月　因月弁其指
此月与此指　非同復非異
将欲誘初機　仮説箇譬子
如実識得了　無月復無指

指に因《よ》って其の月を見　月に因って其の指を弁ずる
此《こ》の月与《と》此の指と　同じに非ず復《また》異なるに非ず
将《まさ》に初機を誘《いざな》わんと欲して　仮に箇の譬子《ひし》を説く
如実に識得《しきとく》し了《おわ》らば　月は無し復《また》指も無し

150
迷悟相依成　理事是一般
竟日無字経　終夜不修禅
鶯囀垂楊岸　犬吠夜月村
更無法当情　那有心可伝

迷悟《めいご》は相依《あい》って成り　理事《りじ》は是《こ》れ一般なり
竟日《きょうじつ》に無字の経を　終夜に不修の禅を
鶯は垂楊《すいよう》の岸に囀《てん》じ　犬は夜月《やげつ》の村に吠える
更に法の情に当たるは無く　那《な》んぞ心の伝える可《べ》きものは有らん

理事：真理と現象
無字経：真理は文字で表現できない意
囀：さえずる

151仏説十二部　部々皆淳真
東風夜来雨　林々是鮮新
何経不度生　何枝不帯春
識取此中意　莫強論疎親

仏説の十二部《じゅうにぶ》は　部々《ぶぶ》皆 淳真《じゅんしん》なり
東風と夜来の雨にて　林々《りんりん》は是《こ》れ鮮新なり
何《いず》れの経が生《しょう》を度《ど》せざらん　何れの枝が春を帯《おび》ざらん
此の中の意を識取《しきしゅ》して　強《し》いて疎親《そしん》を論んずること莫《なか》れ

152十方仏土中　一乗以為則
明々無異法　何失亦何得
雖得非新条　失時誰辺匿
君見衣裏珠　必定作那色

十方仏土《じっぽうぶつど》の中に　一乗《いちじょう》を以て則《のり》と為す
明々《めいめい》にして異法は無し　何をか失し亦《また》何をか得ん
得ると雖《いえど》も新条《しんじょう》に非ず　失う時は誰の辺にか匿《かく》れるや
君見よ衣裏《いり》の珠《たま》を　必定那《ひつじょうな》んの色をか作《な》す

この詩で、良寛は一乗を衣裏の珠としていますが、この譬えは、私は初めて聞きます。一乗は「法華経」で説く大乗仏教の教えですが、何故《なにゆえ》に衣裏の珠と言えるのでしょうか。

153此有一顆珠　終古無人委
色与玄黄異　形非方円比
輪王鎮常護　親友邂逅指
有人如相問　為報祇這是

此《ここ》に一顆《いっか》の珠《たま》が有り　終古《しゅうこ》より人の委《す》てること無し
色は玄黄与《げんおうと》異なり　形は方円《ほうえん》の比《ひ》に非ず
輪王《りんおう》は鎮常《とこしなえ》に護《まも》り　親友は邂逅《かいこう》して指《ゆび》さす
人有って如《も》し相問《あい》わば　為に報ず祇《た》だ這《こ》れ是《こ》れと

方円：丸と四角
邂逅：巡り合って

この詩で、一顆の珠を「祇《た》だ這《こ》れ是《こ》れ」と言ったことも私は初めて聞きますが、こちらは納得が出来ます。144以降の詩は、何れも良寛の説法と解す可《べ》き作品ですので、殆ど所感を省きました。心して味わって下さい。

154
春気稍和調　鳴錫入東城　春気《しゅんき》は稍《やや》和調し　錫《しゃく》を鳴らして東城《とうじょう》に入る
青々園中柳　泛々池上萍　園中《えんちゅう》の柳は青々《せいせい》たり　池上《ちじょう》の萍《うきくさ》は泛々《はんぱん》たり　泛々：水に浮かれる様子
鉢香千家飯　心抛万乗栄　鉢には千家《せんか》の飯《はん》が香《かんば》しく　心は万乗《ばんじょう》の栄《えい》を抛《なげう》ったり　万乗：天子の位
追慕古仏跡　次第乞食行　古仏の跡を追慕して　次第に食《じき》を乞うて行く

既に類詩が幾首か出て来ましたが、他の全詩集にも載っています。更に、同趣の詩を書いた屏風と縦幅が所々で所蔵されています。意気揚々と托鉢に廻る良寛の姿が目《ま》の当《あ》たりに浮かんできます。

155
五月清江裏　揺曳木蘭船　五月の清江《せいこう》の裏《うち》に　木蘭《もくらん》は船を揺曳《ようえい》する　木蘭：木蓮《もくれん》、ここでは男装の女性
素手弄紅蕖　相映転新鮮　素手《そしゅ》にて紅蕖《こうきょ》を弄《ろう》し　相映《あいえい》じて転《うた》た新鮮なり　蕖：蓮の花
岸上游冶子　馳馬翠楊傍　岸の上では游冶《ゆうや》の子《し》が　翠楊《すいよう》の傍《かたわ》らに馬を馳《は》する　游冶子：優男《やさおとこ》の遊客
目撃尚未語　特地正断腸　目撃して尚未だ語らず　特地《とくち》に正《まさ》に断腸たり　目撃：目で見て　特地：殊更《ことさら》

詩意が急変しますが、ここが良寛の遊び心でしょうか。

156釈帝観音院　清衆裁十指
作務致其力　話道無梯階
僧堂九十日　蕭灑唯惜晷
皆道古仏会　嗟不可復視

釈帝《しゃくたい》の観音院に　清衆《せいしゅ》は裁《わず》かに十指たり
務《つとめ》を作《な》せば其の力を致《つく》し　道を話せば梯階《ていかい》は無し
僧堂に九十日　蕭灑《しょうさい》として唯だ晷《ひかげ》を惜しむ
皆古仏《こぶつ》の会《え》と道《い》うも　嗟《ああ》復視《またみ》る可《べ》からず

釈帝《しゃくたい》の観音院は何所《どこ》か不明のようで、そこでの様子を詠んだ作品でしょうが、詩意が分り難いです。

157世有一類子　不問義与理
偏任己聰明　触途成滞累
告之不敢可　喩之無更改
無改尚是可　奈何自謀殆

世に一類《いちるい》の子《し》が有り　義与理《ぎとり》とを問わず
偏《ひと》えに己《おのれ》が聰明《そうめい》に任せ　途《みち》に触れて滞累《たいるい》を成す
之《これ》に告げるも敢えて可《き》かず　之《これ》を喩《さと》すも更に改むるは無し
改むる無しは尚是《こ》れ可《か》なるも　自ら殆《あやう》きを謀《はか》るは奈何《いかん》せん

滞累：積もった累《わずら》い

このように詠まれた者が身近に誰か居たのでしょうか。或いは世間一般の人達を憐れんでの作でしょうか。

158余郷有兄弟　兄弟心各殊
一人弁而聡　一人訥且愚
我見其愚者　生涯如有余
復見其聡者　到処亡命趨

余が郷に兄弟有り　兄弟の心は各殊《おのおのこと》なる
一人は弁にして聡《そう》なり　一人は訥《とつ》にして且《か》つ愚《ぐ》なり
我《われ》其の愚者《ぐしゃ》を見るに　生涯に余《あま》り有るが如《ごと》し
復《また》其の聡者《そうしゃ》を見るに　到る処で亡命して趨《はし》る

亡命：住所を晦《くら》まして逃げる

良寛自身と弟（由之《よしゆき》）の事を詠んでいるようですが、更に奥が有りそうです。

159 家住深林裏　年々長碧蘿
更無人事促　時聴菜樵歌
当陽補納衣　対月読伽陀
為報当途子　得意不在多

家は深林の裏《うt》に住す　年々碧蘿《へきら》を長ずる　碧蘿：蔦蔓《つたかずら》
更に人事の促す無く　時に菜樵《さいしょう》の歌を聴く
陽に当って納衣《のうい》を補い　月に対して伽陀《かだ》を読む　伽陀：詩や句
為に当途《とうと》の子《し》に報ず　意《い》を得るは多きに在らずと　当途：執政官、役人

160 丹郎当路日　朝野伝其名
門前人成市　堂上客常盈
片言生羽翼　一揮移城隍
未過三十年　不啻冷如霜

丹郎《たんろう》が当路《とうろ》の日は　朝野《ちょうや》に其の名を伝う　当路：前の詩の当途と同じ
門前には人が市《いち》を成し　堂上にも客が常に盈《み》つる
片言《へんげん》すれば羽翼《うよく》を生じ　一揮《いっき》すれば城隍《じょうこう》を移す　揮：指図　城隍：城堀
未だ三十年を過ぎざるに　啻《ただ》に冷なること霜の如《ごと》くなるのみならず

良寛には珍しい役人に対する警句が二首続きました。

161 伊昔経過処　独往此頽顔
池台皆零落　人事幾変遷
山到海門尽　潮帯夕陽還

伊《こ》れ昔に経過の処を　独り此の頽顔《たいがん》が往く　頽：衰《おとろ》えた
池台《ちだい》は皆零落し　人事も幾たびか変遷《へんせん》する
山は海門《かいもん》に到って尽き　潮は夕陽《ゆうひ》を帯びて還る

浮沈千古事　卓錫思茫然
浮沈《ふちん》は千古《せんこ》よりの事《こと》　錫《しゃく》を卓《た》てて思い茫然たり

昔に訪れた所に再来しての懐古ですが、何処《どこ》での詠みでしょうか。

162 鳶巣喬木顛　黄雀聚其株
鳶使雀啄鷇　雀憑鳶護烏
此物猶尚尓　両箇互逓扶
如何其為人　彼此作相誅

鳶《とび》は喬木《きょうぼく》の顛《いただき》に巣《す》くい　黄雀《こうじゃく》は其の株に聚《あつま》る
鳶は雀をして鷇《ひな》に啄《ついば》ま使《し》め　雀は鳶に憑《よ》って烏より護る
此の物らは猶尚尓《なおなおしか》なり　両箇《りょうこ》は互逓《たがい》に扶《たす》くる
如何《いかん》ぞ其れ人と為りて　彼此《かし》に相誅《あいちゅう》することを作《な》すや

誅：攻める、滅ぼす

この詩の発想は中国の古い詩に典拠が有るそうですが、前後に配列された作品とは趣旨が架《か》け離れていると思います。

良寛の時代に戦《いくさ》はありませんから、「相誅《あいちゅう》す」は庶民の諍《いさか》い程度の意に解すれば良いのでしょう。

163 無欲一切足　有求万事窮
淡菜可療饑　納衣聊纏躬
独往伴麋鹿　高歌和村童
洗耳巌下水　可意嶺上松

欲が無ければ一切は足り　求むるが有れば万事《ばんじ》に窮す
淡菜《たんさい》は饑《うえ》を療《いや》す可《べ》く　納衣《のうい》を聊《いささ》か躬《み》に纏《まと》う
独り麋鹿《びろく》を伴《とも》にして往き　高歌して村童《そんどう》と和す
耳を巌下《がんか》の水に洗い　意《こころ》は嶺上《れいじょう》の松に可《か》なり

「麋」は辞書に「なれしか、おおしか」とありますが、大意は無く、語調を合わせたものでしょう。

164仏是自心作　道亦非有為
報尓能信受　勿傍外頭之
南輈而向越　早晩到着時

仏《ほとけ》は是《こ》れ自心《じしん》の作《さ》なり　道も亦《また》有為《うい》に非ず
尓《なんじ》に報ず能《よ》く信受《しんじゅ》せよ　外頭《げとう》に傍《そ》いて之《ゆ》くこと勿れと
輈《ながえ》を南にして越《えつ》に向かわば　早晩《そうばん》に到着の時ならん

他の詩集では、最後の聯は「北輈而向越」とあり、「早晩到着時」は「早晩《いつか》到着の時あらん」と読まれて、何時に成っても越には着けない意味になっていました。この詩集では、中国の故事を良寛流に捩《もじ》って、早く仏智に到達することを促す意味に変えたようです。

165孰道名実賓　斯言自古伝
唯知名非実　不省実無根
名実不相関　随縁可自怜

孰《たれ》か道《い》う名《な》は実《じつ》の賓《ひん》と　斯《この》の言は古《いにしえ》自《よ》り伝わる
唯だ名の実に非《あら》ざるを知って　実に根《こん》の無きを省《かえり》みず
名実相《にょうじつあい》関せざれば　縁に随って自ら怜《あわ》れむ可《べ》し

166夜夢都是妄　無一可持論
当其夢中時　宛兮在目前
以夢推今日　今日亦復然

夜の夢は都《すべ》て是《こ》れ妄《もう》なり　一つも持論す可《べ》きものは無し
其の夢の中の時に当っては　宛《あたか》も目前に在るがごとし
夢を以て今日《こんにち》を推《お》せば　今日も亦復然《またまたしか》り

推：推し量る

この詩の典拠に「荘子」の「斉物論篇」に出る「胡蝶の夢」を引く解釈が有りますが、「荘子」では夢と現実との区別を否定していて、良寛の詩意と違うと思います。又、「維摩経」の「方便品」に出る「是の身は幻の如し、虚妄の見を為す」を引く解釈も有りますが、こちらも良寛の詩意と違うと思います。良寛は、夢で今日を推すこと無く「今、此処、自己」を見よと詠んでいると解したいです。

167 文殊騎獅子　普賢跨象王
妙音化宝台　維摩臥一床

文殊《もんじゅ》は獅子《しし》に騎《の》り　普賢《ふげん》は象王《ぞうおう》に跨《また》がる
妙音《みょうおん》は宝台《ほうだい》を化《け》し　維摩《ゆいま》は一床《いっしょう》に臥《ふ》す

文殊、普賢、妙音の三菩薩は、仏像や「法華経」の中で威徳が讃えられていますが、維摩一人は「維摩経」の中に病気で臥していたと有ります。良寛は衆生済度に当った諸菩薩を深く敬っていますが、一床に臥すこともある在家の仏教徒、維摩居士《こじ》を殊更に景仰《けいごう》していたようです。この詩はその想いが詠まれていると思います。

168 手把兎角杖　身被空花衣
足著亀毛履　口吟無声詩

手に兎角《とかく》の杖を把《と》り　身に空花《くうげ》の衣を被《き》る
足に亀毛《きもう》の履《くつ》を著け　口に無声《むせい》の詩を吟ずる

この詩も良寛の真意が知り難い作品で、単に寒山の類誌を引くだけでは足りないと思います。良寛は前の三句を否定し、結句の「無声詩」は、雑詩の初めに出る「一張琴」と同趣に扱って肯定しているのでしょう。

169 苦哉三界子　早晩歇頭辰

苦しい哉三界《さんがい》の子《し》よ　早晩《そうばん》に歇頭《けっとう》の辰《とき》ぞ　早晩は何時の意か　歇：止む、休む

不知箇中事　永劫枉苦辛
箇中《こちゅう》の事《じ》を知らずば　永劫に枉《ま》げて苦辛せん
「箇中事」とは具体的でしかも絶対的な所を指す言葉です。良寛の詩は字面《じづら》で解釈出来ないところが難しいです。「三界子」は世間一般の人、即ち、衆生と解して良いと思いますが、その人達に「箇中事」を知れと言う事は過酷でしょう。
要《よう》は73の結句に出る「元来只這是」と知れと言うことでしょう。この趣旨は、74の詩や102の詩等で度々詠まれています。

170青山前与後　白雲西又東
縦有経過客　消息応難通
青山《せいざん》は前与後《と》に　白雲《はくうん》は西又東《また》に
縦《たと》い経過の客が有るも　消息は応《まさ》に通じ難し
「佛教語大辞典」に「青山白雲」は「青山は理《り》、白雲は事《じ》のたとえで、理と事、正《しょう》と偏《へん》、理想的なものと現実的なもののことを象徴的にいう」とあります。良寛のこの詩も、山住の実景を借りて、仏法を分かってくれる人が少ないことを儚《はかな》む作品と解したいです。

171独倚孤松立　偶尓復移時
茫々満天下　与誰共同帰
独り孤松《こしょう》に倚《よ》って立ち　偶尓《ぐうじ》に復《また》時を移す
茫々《ぼうぼう》たり満天の下は　誰与《と》共にか帰りを同じくせん
仏法を分かってくれる人が少ないことを儚《はかな》む作品が続きます。

172 寒炉深撥炭　孤燈更不明
寂莫過半夜　唯聞遠渓声

寒炉に深く炭を撥《か》き　孤燈《ことう》は更に明らかならず
寂莫《せきばく》として半夜《はんや》を過ごし　唯だ遠渓の声を聞く

173 依稀藤蘿月　送君下翠微
自今朝又夕　寥々掩柴扉

依稀《いき》たり藤蘿《とうら》の月は　君を送って翠微《すいび》を下る
今自《よ》り朝又夕に　寥々《りょうりょう》として柴扉《さいひ》を掩《お》わん

依稀：ぼんやりと

174 対君々不語　不語意悠哉
帙散床頭書　雨打簾前梅

君に対すれど君は語らず　語らざれども意《こころ》は悠《ゆう》なる哉
帙《ちつ》は床頭《しょうとう》に書を散じ　雨は簾前《れんぜん》の梅を打つ

帙：文袋《ふみぶくろ》

この詩は母の形見のお地蔵様を前にして詠んだものと言われています。良寛の好んだ詩のようで、他の詩集にも収まり、この詩が書かれた屏風も沢山所蔵されています。「意は悠なる哉」は、人を思う気持ちが何時までも続く様《さま》を言いますが、死に目に会えなかった母を偲《しの》ぶ良寛の心情が良く伝わって来ます。

175 担薪下翠岑　翠岑路不平
時息長松下　静聞春禽声

薪《たきぎ》を担いで翠岑《すいしん》を下《くだ》る　翠岑の路は平《たいら》にあらず
時に長松《ちょうしょう》の下《もと》に息《いこ》い　静かに春禽《しゅんきん》の声を聞く

この詩も他の全詩集に収まり、屏風や短冊等に沢山の墨蹟が伝わっています。

托鉢と自給自足の生活は本当に厳しい生き様《よう》であったと思いますが、最後の一句から、良寛が自分と鳥達を同じ山河の元で暮らす生き物と捉えていることが分かり、苦難に対する拘《こだわ》りが全く感じられません。

176 窮谷有佳人　容姿閑且雅
長嘯如有待　独立修竹下

窮谷《きゅうこく》に佳人《かじん》有り　容姿は閑《かん》にして且《か》つ雅《が》なり
長嘯《ちょうしょう》して待つこと有が如《ごと》く　独立《どくりゅう》す修竹《しゅうちく》の下《もと》に

この詩の解釈は幾つか有るようです。諸本の解説を参照して下さい。

177 空階花狼藉　好禽語如織
遅々窓日麗　細々炉烟直

空階《くうかい》に花は狼藉《ろうぜき》たり　好禽《こうきん》は語を織《お》るが如《ごと》し
遅々として窓日《そうじつ》は麗《うるわ》しく　細々《さいさい》として炉烟《ろえん》は直《なお》し

178 城中乞食了　得々携嚢帰
帰来知何処　家在白雲陲

城中に食《じき》を乞い了《おわ》り　得々《とくとく》と嚢《ふくろ》を携えて帰る
帰来するは何《いず》れの処かを知らん　家は白雲の陲《ほとり》に在り

179 孰謂我詩々　我詩是非詩
知我詩非詩　始可与言詩

孰《たれ》か我が詩を詩と謂《い》う　我が詩は是《こ》れ詩に非ず
我が詩の詩に非ずを知って　始めて与《とも》に詩を言う可《べ》し

以上で、長い良寛詩との対話は終わります。この最後の詩で良寛が言うように、良寛の詩は単なる詩ではないことが本当に分からないと、良寛と詩を通して対話することは出来ません。各作品に付した所感では、良寛の心を捉えるべく、自分成りに真剣に取組みました。
諸兄のご批判を賜りましたら幸甚です。

平成二十一年九月九日

本間　勲（出雲崎町良寛景慕会）

索引（有題詩と雑詩共に起句を索引にしています。）

69 可嘆世上人心険
70 世上栄枯雲変態
71 剃除髭髪為僧伽
72 我有一張琴
73 青陽二月初
74 痛哉三界客
75 東風吹時雨
76 八月涼気至
77 群賢高会日
78 行々投田舎
79 古仏留教法
80 余郷有一女
81 佳人相呼喚
82 伊昔東家女
83 杖策且独行
84 少小抛筆硯
85 過去已過去
86 南山有捂桐
87 憶在円通時
88 夫人之在世

89 昨日之所是
90 孟冬是十月
91 家有猫与鼠
92 人生一百年
93 陽春二月時
94 珊瑚生南海
95 第一要参他
96 宅辺有苦竹
97 自従一出家
98 記得壮年時
99 作善者升進
100 自白馬建基
101 我見行脚僧
102 我見世間人
103 凄々芒種後
104 従参曹渓道
105 昨日出城市
106 我有拄杖子
107 我従住此中
108 可怜美少年

109 尋思少年日
110 宇内有其人
111 襤褸又襤褸
112 終日乞食罷
113 大哉解脱服
114 生涯懶立身
115 一路万木裏
116 冥目千嶂夕
117 草虫何嚶々
118 秋夜々正長
119 玄冬十一月
120 金羈遊侠子
121 三越多佳麗
122 柳娘二八歳
123 心水何澄々
124 我見講経人
125 廬雖在孤峯
126 孤鶴摩九霄
127 孤拙兼疎慵
128 言語常易出

129 荏苒歳言暮
130 千峰一草堂
131 遥夜草堂裏
132 終日望烟村
133 何俗之孤薄
134 問古々已過
135 今年非去年
136 寥々春已暮
137 孤峯独宿夜
138 吾師来東土
139 天気稍和調
140 誰家不喫飯
141 誰家不喫飯
142 誰家不喫飯
143 粛々天気清
144 道妄一切妄
145 静夜虚窓下
146 維時八月朔
147 人生浮世間
148 我昔学静慮

149 因指見其月
150 迷悟相依成
151 仏説十二部
152 十方仏土中
153 此有一顆珠
154 春気稍和調
155 五月清江裏
156 釈帝観音院
157 世有一類子
158 余郷有兄弟
159 家住深林裏
160 丹郎当路日
161 伊昔経過処
162 鳶巣喬木顚
163 無欲一切足
164 仏是自心作
165 孰道名実賓
166 夜夢都是妄
167 文殊騎獅子
168 手把兎角杖

169 苦哉三界子
170 青山前与後
171 独倚孤松立
172 寒炉深撥炭
173 依稀藤蘿月
174 対君々不語
175 担薪下翠岑
176 窮谷有佳人
177 空階花狼藉
178 城中乞食了
179 孰謂我詩々

良寛自筆歌集の鑑賞

はじめに

良寛の自筆歌集と言われる遺墨に「布留散東《ふるさと》」、「久賀美《くがみ》」と「以や非こ《いひ》」と題された歌巻三巻等が伝わっています。「布留散東」と「久賀美」には良寛自身が書いた歌集の表紙が付き、綴じ順も良寛が書いた通りに遺っています。「布留散東」に収録されている作品は、長歌三首、反歌一首、短歌四十九首、旋頭歌八首です。この歌集は国上《くがみ》の五合庵又は乙子《おとご》草庵時代に詠まれた歌が編まれたもので、良寛の編集意図が読み取れます。

「久賀美」は島崎に移住した後の晩年に編まれた歌集で、収録されている作品は、長歌九首、反歌三首、短歌十首、旋頭歌四首で、推敲の跡が多く、書体は奔放です。ここでは編集意図等という拘りは無く、良寛自身の好きな、又は思い入れの深い作品を、想い付くままに淡々と連ねたものと思われます。

「以や非こ」歌巻も島崎に移住した後に編まれたもので、三巻の巻物に装丁されて木村家に所蔵されて来ました。三巻には各々「いやひこ」「わがやど」「つぬさほ」の表題が付されていますが、これは各歌巻の最初に載る歌の書き出しの句を取って後世の人が付けたもので、良寛自身の命名ではありません。

各々の歌巻に収まる作品の数は左記の通りです。

「いやひこ」歌巻・長歌六首、反歌七首の計十三首
「わがやど」歌巻・長歌五首、反歌五首、変形歌一首の計十一首
「つぬさほ」歌巻・長歌十首、反歌十三首、旋頭歌六首の計二十九首

以前に、以上三種の良寛自筆歌巻それぞれを釈文した冊子を作りましたが、この度は三種を通して鑑賞できるように一冊に纏めしました。尚、この冊子では木村家に伝わる三巻を、良寛の意図を想定した順序に変更し、「木村家歌巻」としました。

一　布留散東《ふるさと》

「布留散東」の題を持つ良寛自筆の歌集が伝わっていて、安田靫彦氏の解説及び釈文を付けた復刻帖が、東京都港区の七條憲三氏によって昭和三十年二月五日に刊行されました。

この歌集に載る短三九は、文化十四年（一八一七）に良寛と親交の有った原田鵲斎の一家が他に移り住んだ後の旧家跡で詠まれたもので、文化十四年は良寛六十歳に当たります。この事から、この歌集は、それ以降に編まれたものと知られます。

良寛は文化十三年の五十九歳の時に、永年を過ごした国上山中腹の五合庵を出て、山の裾野にある乙子神社脇の草庵に移ります。これは、良寛の身の回りを世話する事で良寛の弟子と成る事を願い出た、若い僧の遍澄が計らったものです。ですから、この草庵での暮らしには、良寛の薪水の労が薄れて身心共に余裕が生まれた事でしょう。そこで、これまでに詠み重ねた和歌を整理しようと思い、この歌集が編まれたと思います。

良寛が和歌を詠み始めた年代を確定することは難しいですが、父、以南の影響もあって、少年時代から俳句や和歌に接していたことは十分に推測できます。

玉島、円通寺での仏道修行時代にも道元の遺した「傘松道詠」等に目を通していたでしょうし、この「布留散東」には帰郷の道すがら詠んだ和歌が載っています。

しかし、良寛は国上山の五合庵に定住する以前は、「法華讃」等の仏教書や漢詩の創作に重点を置いていて、和歌では若干の短歌を詠んでいたに過ぎないでしょう。

江戸の歌人、大村光枝が原田鵲斎と共に五合庵に良寛を訪れたのは、享和元年（一八〇一）、良寛四十四歳の時でした。その時に良寛と光枝の詠み交わした旋頭歌が光枝の著「こし路の紀行」に載ります。また、良寛の弟、由之の家では、娘が琴を弾いて光枝をもてなした記録が有ると、谷川敏朗著「良寛の書簡集」に載り、更に、光枝は山本家と昵懇の仲となって、寛永刻本「萬葉和歌集」を贈っていると載っています。その「萬葉和歌集」が橘屋蔵書として、良寛記念館に所蔵されています。良寛が光枝に宛てた書簡が一通伝わっていて、そこには前の部分の欠けたと思える長歌だけが書かれています。丁寧に書かれていて、書体からは五十歳代に交わされたと思えます。良寛は、大村光枝と巡り合ったことによって「万葉集」と、その時代には詠まれることの少なくなった旋頭歌及び長歌に対する関心が深まったと思われます。それは、良寛が自身の心に描いた周りの物事に対する想いを述べる術として相応しいと考えたからでしょう。特に長歌には長さに制約が有りませんので、自分の想を存分に歌い上げることができたと思われ、晩年には長歌の秀作を沢山遺しています。しかし、この歌集に載る長歌は少ないです。

良寛の許に阿部定珍から大村光枝の訃報が届いたのは、良寛が乙子神社の草庵に移った年でした。光枝の死を悼んで定珍と詠み交わした和歌の遺墨が、阿部家伝来の良寛墨宝巻物に載っています。それを機に、寛永刻本「萬葉和歌集」が甥の馬之助の許に蔵されていることを思い出し、それを借りて詳しく再読したのではないでしょうか。そして、好みの短歌を抄録したものが「あ起乃、」ではないでしょうか。尚、「あ起乃、」の筆跡は、この「布留散東」に似ていることも一考に値すると思えます。「あ起乃、」が阿部定珍の目に止り、自身も「万葉集」が欲しくなって求めた物が「萬葉和歌集校異」でしょう。しかし、これには訓註が施されておらず、十分に理解することが出来ないため、良寛に注釈を頼んだと思えます。それを受けた良寛は、親しくしてきた与板の三輪家が、最近出版された橘千蔭の「萬葉集略解」を購入したことを知り、それを借りて精読し「萬葉和歌集校異」に朱註を書き入れたという推論は如何でしょうか。

良寛は自身の詠んだ和歌を、実に多くの仮名字母を使って書いています。しかし、「あ起乃、」に使われている仮名字母の数は同じ頃に書かれたと思える「布留散東」に比べても少なく、多くの平仮名で抄録していることの意図はなんでしょうか。

まえがきが長くなりましたが、以降、良寛自筆歌集「布留散東」の鑑賞に移ります。各歌の末尾に、短歌は短、長歌は長、旋頭歌は旋の略語に歌番を付けました。

編者の感じたことや簡単な註釈を歌の間に述べましたが、既に立派な注釈書が沢山出版されていますので、歌の意味は省きました。

近江路《あふみぢ》を過《す》ぎて
古里《ふるさと》へ　行《ゆ》く人《ひと》あらば　言伝《ことづて》む　今日《けふ》近江路《あふみぢ》を　我越《われこ》ゑにきと　短一

この歌を、円通寺での修行が終わり近畿から北陸道を経てまさに帰国しようとする時の作品とする解釈と国仙和尚に伴われて円通寺へ向かっている時の歌とする解釈とがあります。

次の三首は赤穂、姫路、神戸と続く倉敷から京都への路順で詠まれた作品ですので、その先の近江路では順序が逆になります。又、次の三首では、旅路での難渋の様子が詠まれているのに対してこの歌では、これから仏道修行に向かうという良寛の気概が読み取れますので、編者はこの作品は円通寺へ向かっている時に詠まれた歌であると考えています。

しかし、良寛がこの歌集の冒頭にこの歌を置いた意図は何でしょうか。

この歌集の五首目以降は良寛が古里の越後に帰ってからの作品集で、歌集の題名の「布留散東」を導く為に、古里で始まるこの歌を選んで挿入したのではないでしょうか。

赤穂《あこう》てふ所《ところ》にて天神の森に宿《やど》りぬ

小夜更方嵐《さよふけがたあらし》のいと寒《さむ》ふ吹《ふ》きたりければ

山颪《やまおろし》よ　いたくな吹《ふ》きそ　白妙《しろたへ》の　衣片敷《ころもかたし》き　旅寝《たびね》せし夜《よ》は　短二

次《つぎ》の日《ひ》は韓津《からつ》てふ所《ところ》に至《いた》りぬ

今宵《こよひ(脱)》も宿《やど》の無《な》ければ

思《おも》ひきや　道《みち》の芝草《しばくさ》　うち敷《し》きて　今宵《こよひ》も同《おな》じ　仮寝《かりね》せむとは　短三

高野《たかの》のみ寺《てら》に宿《やど》りて

津《つ》の国《くに》の　高野《たかの》の奥《おく》の　古寺《ふるでら》に　杉《すぎ》の雫《しづく》を　聞《き》き明《あ》かしつつ　短四

良寛が帰郷の為に倉敷市玉島の円通寺を旅立つのは、寛政八年（一七九六年）正月、三十九歳の時と言われて来ましたが、三十五歳の帰郷説もあって筆者はこちらを納得しています。

寒い季節に野宿が続き、漸く今夜は雨風を逃れることが出来たけれども、寝付けずに杉の木から滴り落ちる雫の音を聞いて夜を明かしてしまったという、旅路の難渋振りが偲ばれます。

この三首から、帰路に赤穂市、姫路市の旧名韓泊（津）、古寺（高野のみ寺）の在った兵庫県吉川村を辿ったことが分ります。そして、その後、神戸市に在った天満神社に泊った時の様子を綴った「すまてらの昔をとへは」で始まる紀行文の一部が残っていて、それによりますと、それは睦月（一月）二十四日の夜のことであったとあります。

黒坂山《くろさかやま》の麓《ふもと》に宿《やど》りて

あしひきの　黒坂山《くろさかやま》の　木《こ》の間《ま》より　漏《も》り来《く》る月《つき》の　光《かげ》のさやけさ　　短五

岩室《いはむろ》を過《す》ぎて

岩室《いはむろ》の　田中《たなか》の松《まつ》を　今日《けふ》見《み》れば　時雨《しぐれ》の雨《あめ》に　濡《ぬ》れつつ立《た》てり　　短六

京都以降の旅程は、良寛自筆の詩集「草堂集貫華」の冒頭に載る五編の漢詩によって、信州の善光寺から糸魚川を経て北陸街道を北上し、越後に帰ったことが推測されます。そして、帰郷後は長岡市の寺泊郷本の海辺に在った廃屋に仮住していたことは良く知られた話です。

黒坂山は新潟県の和島に在り、岩室は弥彦山の北に在って越後の有名な温泉街の一つです。従って、この二つの歌は帰郷後の大分気持も落着いた時期に詠まれたもので、黒坂山の歌では良寛が物事の在り様の本質を歌に詠み込むという特質が現れ始めた作品であると読み取れます。

そしてこの後に、良寛の帰郷後の主な生活の拠点となった国上山周辺で詠まれた歌が続きます。

国上《くがみ》にて詠《よ》める

来《き》て見《み》れば　我古里《わがふるさと》は　荒《あ》れにけり　庭《には》も籬《まがき》も　落葉《おちば》のみして　　短七

古《いにしへ》を　想《おも》へば夢《ゆめ》か　現《うつつ》かも　夜《よる》は時雨《しぐれ》の　雨《あめ》を聞《き》きつつ　　短八

あしひきの　山辺《やまべ》に住《す》めば　術《すべ》をなみ　樒《しきみ》摘《つ》みつつ　此《こ》の日《ひ》暮《く》らしつ　　短九

樒は実に有毒の種を成し、葉を切ると抹香の匂いがして線香の材料に成るそうです。良寛は、山の中では何をして良いか分からずに、樒を摘んで線香を作って過ごしたというのでしょうか。

国上《くがみ》の　大殿《おほとの》の前《まへ》の　一《ひと》つ松《まつ》　幾代経《いくよへ》ぬらむ　ちはやぶる　神寂立《かみさびた》てり　朝《あした》には
い往《ゆ》き戻《もと》ふり　夕《ゆふ》べには　そこに出《い》で立《た》ち　立《た》ちて居《ゐ》て　見《み》れども飽《あ》かぬ　一《ひと》つ松《まつ》はや　長一
山陰《やまかげ》の　荒磯《ありそ》の波《なみ》の　立《た》ち返《かへ》り　見《み》れども飽《あ》かぬ　一《ひと》つ松《まつ》の木《き》　反歌

この長歌と反歌は、五合庵から少し登った所に位置する国上寺の境内に植わった老木を讃えた作品で、良寛はこの時代では珍しくなった長歌の作品を多く残しています。
この木は空海が投げた五鈷《ごこ》の金剛杵《こんごうしょ》が掛ったという言い伝えから五鈷掛松と呼ばれています。
永い年月を経て培った老木の威厳さに良寛が抱いた畏敬の気持ちが良く伝わってきます。

あしひきの　国上《くがみ》の山《やま》に　家居《いゑゐ》して　い往《ゆ》き還《かへ》らひ　山見《やまみ》れば
山《やま》も見《み》が欲《ほ》し　里見《さとみ》れば　里《さと》も豊《ゆた》けし　春《はる》べには　花咲《はなさ》きを折《を》り
秋去《あきさ》れば　紅葉《もみぢ》を手折《たを》り　ひさかたの　月《つき》にかざして　あらたまの
年《とし》の十歳《ととせ》は　過《す》ぎにけらしも　長二

先ずこの長歌で十年以上に及ぶ国上山周辺での来し方を総括しています。そしてこの後に、春から冬に亘る四季折々の情感を詠った短歌が二十八首続きます。

賤《しづ》が家《や》の　垣根《かきね》に春《はる》の　立《た》ちしより　若菜摘《わかなつ》まむと　しめぬ日《ひ》は無《な》し　短一〇
若菜摘《わかなつ》む　賤《しづ》が門田《かどた》の　田《た》の畦《あず》に　ちきり鳴《な》くなり　春《はる》にはなりぬ　短一一

ちきりは、春先に日本へ飛来する渡り鳥で、ちどり科の鳧《けり》のことのようです。

此《こ》の園《その》の　柳《やなぎ》が下《もと》に　円居《まろゐ》して　遊《あそ》ぶ春日《はるひ》は　楽《たの》しきをづめ　短一二

をづめは、男女が橋のたもとに集まって歌や舞を楽しむ遊びのようです。良寛が詠っている場面はどのようなものでしょうか。

梅《うめ》の花《はな》　折《を》りて飾《かざ》して　石上《いそのかみ》　古《ふ》りにしことを　偲《しぬ》びつるかも　短一三
霞《かすみ》立《た》つ　永《なが》き春日《はるひ》に　子供等《こどもら》と　手毬撞《てまりつ》きつつ　此《こ》の日暮《ひく》らしつ　短一四
此《こ》の里《さと》に　手毬撞《てまりつ》きつつ　子供等《こどもら》と　遊《あそ》ぶ春日《はるひ》は　暮《く》れずともよし　短一五
此《こ》の宮《みや》の　森《もり》の木下《こした》に　子供等《こどもら》と　遊《あそ》ぶ春日《はるひ》に　なりにけらしも　短一六

ここに春を待ち侘びて子供達と遊ぶ喜びを歌った三首が載ります。何れも良く知られた歌で、色々な形で書かれた良寛の遺墨も沢山伝わっています。

ひさかたの　天霧《あまぎ》る雪《ゆき》と　見《み》るまでに　降《ふ》るは桜《さくら》の　花《はな》にぞありける　短一七

以上が春の歌で、続いて夏の歌が四首載ります。

青山《あをやま》の　木《こ》ぬれ立《た》ち潜《く》き　時鳥《ほととぎす》　啼《な》く声《こゑ》聞《き》けば　春《はる》は過《す》ぎけり　短一八

時鳥が木々の枝を通り抜けて飛ぶ様子を、木ぬれ立ち潜きと、美しい言葉で詠っています。

時鳥《ほととぎす》　汝《な》が啼《な》く声《こゑ》を　懐《なつ》かしみ　此《こ》の日暮《ひく》らしつ　その山《やま》の辺《べ》に　短一九

世《よ》の中《なか》を　憂《う》しと思《も》へばか　時鳥《ほととぎす》　木《こ》の間隠《まがく》れに　啼《な》き渡《わた》るなり　短二〇

時鳥が世の中を憂しと思うとは何を意味するのでしょうか。万葉集巻五の八九三番に山上憶良の詠んだ「世の中を憂しとやさしと思へども飛び立ちかねつ鳥にあらねば」が載ります。この歌では「世の中が思うままにならずに辛いけれども、鳥でないから飛び去ることが出来ない」という意味ですが、良寛は「時鳥もあのように啼き渡っているのは辛い思いをしているのであろうか」と思い計っているのでしょうか。

わくらばに　人《ひと》も通《かよ》はぬ　山里《やまざと》は　梢《こずへ》に蝉《せみ》の　声《こゑ》ばかりして　短二一

わくらばには、まれに、たまに、の意味です。良寛の人恋しさの想いが感じられます。

続いて秋の歌に移ります。

月夜《つきよ》よみ　門田《かどた》の田居《たゐ》に　出《で》て見《み》れば　遠山《とをやま》もとに　霧立《きりた》ち渡《わた》る　短二二

我待《わがま》ちし　秋《あき》は来《き》ぬらし　この夕《ゆふ》べ　草叢《くさむら》ごとに　虫《むし》の声《こゑ》する　短二三

ひさかたの　七夕姫《たなばたつめ》は　今《いま》もかも　天《あま》の川原《かはら》に　出《い》で立《た》たすらし　短二四

渡《わた》し守《もり》　早船出《はやふなで》せよ　ぬばたまの　夜霧《よぎり》は立《た》ちぬ　川《かは》の瀬《せ》ごとに　短二五

ひさかたの　天《あま》の川原《かはら》の　渡《わた》し守《もり》　川波高《かはなみたか》し　心《こころ》して越《こ》せ　短二六

七夕の歌が三首続きましたが、良寛の七夕姫に対する温かい思い遣りが味わい所と思います。

ぬばたまの　夜《よ》は更《ふ》けぬらし　虫《むし》の音《ね》も　我衣手《わがころもて》も　うたて露《つゆ》けき　短二七

今《いま》よりは　次《つ》ぎて夜寒《よさむ》に　なりぬらし　綴《つづ》れ刺《さ》せてふ　虫《むし》の声《こゑ》する　短二八

綴れ刺せは、きりぎりす、今のこおろぎのことです。こおろぎの鳴き声が冬に備えて衣を「綴り刺せ」と促しているように聞こえると詠む歌が古今和歌集（雑体一〇二〇）に載っています。

石上《いそのかみ》　古川《ふるかは》の辺《へ》の　萩《はぎ》の花《はな》　今宵《こよひ》の雨《あめ》に　移《うつ》ろひぬらむ　短二九

寂《さび》しさに　草《くさ》の庵《いほり》を　出《で》て見《み》れば　稲葉《いなば》おしなみ　秋風《あきかぜ》ぞ吹《ふ》く　短三〇

我宿《わがやど》を　訪《たづ》ねて来《き》ませ　あしひきの　山《やま》の紅葉《もみぢ》を　手折《たを》りがてらに　短三一

秋山《あきやま》を　我越《わがこ》え来《く》れば　たまぼこの　道《みち》も照《て》るまで　紅葉《もみぢ》しにけり　短三二

この頃《ごろ》の　寝覚《ねざ》めに聞《き》けば　高砂《たかさご》の　尾上《おのへ》に響《ひび》く　さ牡鹿《をしか》の声《こゑ》　短三三

山里《やまざと》は　裏寂《うらさび》しくぞ　なりにける　木々《きぎ》の梢《こずへ》の　散《ち》りゆく見《み》れば　短三四

紅葉葉《もみぢは》は　散《ち》りはするとも　谷川《たにがは》に　影《かげ》だに残《のこ》せ　秋《あき》の形見《かたみ》に　短三五

続いて冬の二首を以って四季の歌は終わります。

夜《よ》を寒《さむ》み　門田《かどた》の畔《くろ》に　居《い》る鴨《かも》の　寝《いね》がてにする　頃《ころ》にぞありける　　短三六

我宿《わがやど》は　越《こし》の白山《しらやま》　冬籠《ふゆごも》り　行《ゆ》き来《き》の人《ひと》の　跡形《あとかた》も無《な》し　　短三七

どの歌も良寛が実際に遭遇した情景に立って詠んだ作品で、世俗の拘りがきれいに払拭されています。一つ一つの歌を何回も朗読してみますと自分も実際に良寛が詠った現場に居合わせて、その情景に同化できる感が湧いてきます。

以降は、それぞれに題詞を持った作品が続きます。

　由之を夢《ゆめ》に見《み》て覚《さ》めて

何処《いづく》より　夜《よる》の夢路《ゆめぢ》を　辿《たど》り来《こ》し　深山《みやま》は未《いま》だ　雪《ゆき》の深《ふか》きに　　短三八

由之は良寛の弟で、晩年には良寛と良く歌を詠み交わしています。この歌では夢に出る弟を労わった、良寛の心遣いが味わい深いです。

　如月《きさらぎ》の十日《とふか》ばかりに飯乞《いひこ》ふとて真木山《まきやま》てふ所《ところ》に行《ゆ》きて有規《ありのり》が元《もと》の家《いゑ》を訪《たづ》ぬれば今《いま》は野《の》らとなりぬ　一木《ひとき》の梅《うめ》の散《ち》りかかりたるを見《み》て古《いにしへ》思《おも》ひ出《い》でて詠《よ》める

その上《かみ》は　酒《さけ》に浮《う》けつる　梅《うめ》の花《はな》　土《つち》に落《お》ちけり　徒《いたづら》にして　　短三九

有則は原田鵲斎の事で、その子正貞と共に良寛と親交が有りました。この歌は文化十四年（一八一七）に原田一家が他に移り住んだ後の旧家跡で詠まれたものです。

古里《ふるさと》に花《はな》を見《み》て

何事《なにごと》も　移《うつ》りのみ行《ゆ》く　世《よ》の中《なか》に　花《はな》は昔《むかし》の　春《はる》に変《か》はらず　短四〇

合《あ》ひ知《し》りし人《ひと》の薨《みまか》りて又《また》の春《はる》ものへ行《ゆ》く道《みち》にて過《す》ぎて見《み》れば

住《す》む人《ひと》は無《な》くて花《はな》は庭《にわ》に散《ち》り乱《みだ》りてありけり

思《おも》ほえず　又《また》この庵《いほ》に　来《き》にけらし　在《あ》りし昔《むかし》の　心《こころ》ならひに　短四一

会い知りし人は、良寛の法友と言われる有願の事で、文化五年（一八〇八）に亡くなっています。

左一が薨《みまか》りし頃《ころ》

この里《さと》に　行《ゆ》き来《き》の人《ひと》は　沢《さは》に在《あ》れども　さすたけの　君《きみ》しまさねば　寂《さび》しかりけり　旋一

又《また》の春若菜摘《はるわかなつ》むとて

梓弓《あづさゆみ》　春野《はるの》に出《い》でて　若菜摘《わかなつ》めども　さすたけの　君《きみ》しまさねば　楽《たの》しくもなし　旋二

庵《いほ》に来《き》て帰《かへ》る人見送《ひとみおく》るとて

山影《やまかげ》の　真木《まき》の板屋《いたや》に　雨《あめ》も降《ふ》りこね
　さすたけの　君《きみ》が暫《しば》しと　立《た》ち止《どま》るべく　旋三

良寛は長歌と共に、万葉集以降には詠まれることの少なくなった旋頭歌も多く詠んでいます。初めの二首は左一の死を悼んで詠まれたものですが、三首目は寛政十三年（一八〇一）に江戸の歌人・大村光枝が良寛を五合庵に訪ねた時に詠まれたものです。この時、良寛は四十四歳で、光枝とは万葉集の歌を語り合ったであろうと言われています。

古里《ふるさと》の人《ひと》の山吹《やまぶき》の花見《はなみ》に来《こ》むと言《い》ひおこせたりけり
盛《さか》りには待《ま》てども来《こ》ず散《ち》り方《かた》になりて

山吹《やまぶき》の　花《はな》の盛《さか》りは　過《す》ぎにけり　古里人《ふるさとびと》を　待《ま》つとせし間《ま》に　短四二

五月《さつき》の頃《ころ》由之が方《かた》よりおこせたる歌《うた》

我宿《わがやど》の　軒《のき》の菖蒲《しやうぶ》を　八重葺《やえふ》かば　浮世《うきよ》の性《さが》を　蓋《けだ》し避《よ》きむかも　由之の歌

返《かへ》し

八重葺《やえふ》かば　又《また》も暇《ひま》をや　求《と》めもせむ　御濯川《みすすぎがは》へ　持《も》ちて捨《す》てませ　短四三

八重葺きは、幾重にも葺いた屋根のことで、この由之と良寛の応答は「後拾遺和歌集」に載る歌「津の国のこやとも人をいふべきに隙こそなけれ蘆の八重葺き」を踏まえていて、兄弟の歌の道への馴染み振りが偲ばれます。
又、良寛の御濯川は、罪、恥、汚名などを水で洗い清める川のことで、ユーモアに富んだ兄弟愛が感じられます。

幼《おさな》き時《とき》いと睦《むつ》まじく契《ちぎ》りたる人《ひと》ありけり　田舎《いなか》を住《す》み詫《わ》びて
東《あづま》の方《かた》へ行《い》にけり　此方《こなた》よりも彼方《かなた》よりも久《ひさ》しく音《をと》もせでありしが
この度《たび》薨《みまか》りぬと聞《き》きて

かくあらむ　予《かね》て知《し》りせば　たまぼこの　道行《みちゆ》き人《ひと》に　言伝《ことづて》ましを　短四四

この暮《く》れの　うら悲《かな》しきに　草枕《くさまくら》　旅《たび》の庵《いほり》に　果《は》てし君《きみ》はや　短四五

詠《よ》みて由之に遣《つか》はす

草《くさ》の庵《いほ》に　立《た》ちても居《ゐ》ても　術《すべ》の無《な》き　この頃君《ごろきみ》が　見《み》ゑぬ思《おも》へば　短四六

神無月《かみなづき》の頃旅人《ころたびびと》の蓑一《みのひと》つ着《き》たるが門《かど》に立《た》ちて物乞《ものこ》ひければ
古着脱《ふるぎぬ》ぎて取《と》らす　さて其《そ》の夜嵐《よあらし》のいと寒《さむ》く吹《ふ》きたりければ

誰《た》が里《さと》に　旅寝《たびね》しつらむ　ぬばたまの　夜半《よは》の嵐《あらし》の　うたて寒《さむ》きに　短四七

年《とし》の果《は》てに鏡《かがみ》を見《み》て

白雪《しらゆき》を　よそにのみ見《み》て　過《す》ぐせしが　正《まさ》に我《わ》が身《み》に　積《つも》りぬるかも　短四八

白雪《しらゆき》は　降《ふ》ればかつ消《け》ぬ　しかはあれど　頭《かしら》に降《ふ》れば　消《き》えずぞありける　短四九

年《とし》の果《は》てに詠《よ》みて有則《ありのり》に贈《おく》る

野積《のづみ》の　み寺《てら》の園《その》の　梅《うめ》の木《き》を　根《ね》こじにせむと　梓弓《あずさゆみ》　春《はる》の夕《ゆふ》べに　岩《いは》が根《ね》の
こごしき道《みち》を　踏《ふ》み分《わ》けて　軒端《のきば》に立《た》てば　人《ひと》は見《み》て　盗人《ぬすびと》なりと　鐘《かね》を打《う》ち　鼓《つづみ》を鳴《な》らし
あしひきの　山《やま》とよもして　集《つど》ひけり　しかしよりして　皆人《みなひと》に　花盗人《はなぬすびと》と　呼《よ》ばはえし
君《きみ》にはあれど　何時《いつ》しかも　歳《とし》も経《へ》ぬれば　芦《あし》の屋《や》の　まろ屋《や》がもとに　夜《よ》もすがら
八束《やつか》の髭《ひげ》を　捻《ひね》りつつ　おはすらむかも　此《こ》の月頃《つきごろ》は　長三

以上の題詞を持つ歌は全て弟、知人等、人に向かって詠った作品です。良寛は世俗との係わりを絶つ為に仏道に入ったと思いますが、悟りを得て帰郷してからは、人との交わりを本当に大事にしたようです。

終りの方の鏡を見ての歌では、自分を第三者に見立てて白髪を詠んでいるところが非常に面白いと思います。花盗人の歌では、良寛の愛情溢れたユーモアが堪能できます。

この詩集の最後に、人以外の物に向かっても、良寛が情感を抱いて詠う、題詞を持つ旋頭歌が収まっています。

岩室《いはむろ》

岩室《いはむろ》の　野中《のなか》に立《た》てる　一《ひと》つ松《まつ》の木《き》
今日《けふ》見《み》れば　時雨《しぐれ》の雨《あめ》に　濡《ぬ》れつつ立《た》てり　旋四

山田津《やまたづ》

山田津《やまたづ》の　向《む》かひの丘《をか》に　さ牡鹿《をしか》立《た》てり
神無月《かみなづ(き)》　時雨《しぐれ》の雨《あめ》に　濡《ぬ》れつつ立《た》てり　旋五

秋《あき》の野《の》

秋《あき》の野《の》の　千草《ちぐさ》おしなみ　行《ゆ》くは誰《た》が子《こ》ぞ
白露《しらつゆ》に　赤裳《あかも》の裾《すそ》の　濡《ぬ》れまくも惜《お》し　旋六

白雪《しらゆき》

白雪《しらゆき》は　幾重《いくえ》も積《つ》もれ　積《つ》もらねばとて
たまぼこの　路踏《みちふ》み分《わ》けて　君《きみ》が来《こ》なくに　旋七

鉢《はち》の子《こ》

鉢《はち》の子《こ》を　我《わ》が忘《わす》れども　取《と》る人《ひと》は無《な》し　取《と》る人《ひと》は無《な》し　鉢《はち》の子《こ》哀《あは》れ　準旋頭歌

以上、良寛自筆歌集「布留散東《ふるさと》」の作品を鑑賞してきましたが、流石に秀歌が連なっています。

実際に国上山周辺を訪れ、この歌集に載る歌の真実を自分の肌身で味わってみることも一興と思います。

良寛は国上山周辺に安住できてから、万葉集、古事記と日本書紀の歌謡、祝詞等、日本古来の歌謡を確りと研究し尽くしたようです。

それ等に謡われた歌の心と言葉とリズムとが良寛の作る歌にふんだんに使われています。

良寛が歌論を述べた「歌の辞」が残されていて、その中に、歌とは「人の心のうごく心のはしばしを文字にあはせて、心やりにうたふものなり。」とあります。

ここに言われる「人の心」が大切と思います。

世俗の「人の心」は自我の欲望で固められていますが、仏道の修行を通じて捉えた良寛の「悟りの心」からはこれが消え去っていて、物の在り方の真実を見通します。

しかもこの心には悟り臭さは残っておらず、人として持つべき憂い、悲しみ、愛の情感等はそのまま保たれています。

この心が動いて詠われた歌は、微かに残っている私達の「人の心」を捉えて止みません。

この冊子がその役目を果してくれますなら幸甚です。

二　「久鶯美《くがみ》」

安田靫彦が昭和四十八年に刊行した「久鶯美」復刻帖の解説には、歌の内容や筆跡等から、この歌集は島崎時代の初め、即ち良寛が七十歳の頃に成立したものと想定するとあります。

確かに、この歌集には五十代から最晩年に亘って詠まれたと思われる作品が収録されていて、歌集の主題や収録の順序等、編集の意図も掴み難いです。

島崎時代の良寛には編集の意図等という拘りは全く無くなっていて、自分の好きな又は感慨深い作品を思い付くままに、淡々と書き連ねたのではないでしょうか。

この後に詠まれたと思われる貞心尼との相聞歌は読む人の心を和ませてくれますが、この歌集に載る歌からも、人間の是非の看破に飽きた、良寛の広々とした心を読み取ることができると思います。

以前に纏めた「布留散東」では編者の所感や簡単な注釈を述べましたが、この歌集については、飽くまでも良寛の情感を味わって頂きたいと願って、それ等を省きました。

国上《くがみ》の歌《うた》

あしひきの　国上《くがみ》の山《やま》を　黄昏《たそがれ》に　我《わ》が越《こ》へ来《く》れば　麓《ふもと》には　紅葉散《もみぢち》りつつ　高嶺《たかね》には
鹿《しか》ぞ啼《な》くなる　鹿《しか》のごと　声《ね》には啼《な》かねど　紅葉葉《もみぢは》の　散《ち》りゆく見《み》れば　心悲《こころかな》しも　　長一

我宿《わがやど》を　訪《たづ》ねて来《き》ませ　あしひきの　山《やま》の紅葉《もみぢ》を　手折《たを》りがてらに　　短一

あしひきの　山辺《やまべ》に住《す》めば　術《すべ》をなみ　樒摘《しきみつ》みつつ　此《こ》の日暮《ひく》らしつ　短二

あしひきの　国上《くが(み)》の山《やま》の　冬籠《ふゆごも》り　日《ひ》に日《ひ》に雪《ゆき》の　降《ふ》る夕《な》べに　行《ゆ》き来《き》の人《ひと》の　跡《あと》も絶《た》へ　古里人《ふるさとびと》の　音《をと》も無《な》し　浮世《うきよ》を此処《ここ》に　門鎖《かどさ》して　飛騨《ひだ》の匠《たくみ》が　打《う》つ縄《なは》の　ただ一筋《ひとすぢ》の　岩清水《いはしみづ》　そを命《いのち》にて　あらたまの　今年《ことし》の今日《けふ》も　暮《くら》しつるかも　長二

飯乞《いひこ》ふと　草《くさ》の庵《いほり》を　立《た》ち出《い》でて　里《さと》にい行《ゆ》けば　里子供《さとこども》　今《いま》は春《はる》べと　打《う》ち戯《む》れて　道《みち》の巷《ちまた》に　手毬撞《てまりつ》く　吾《わ》れも交《ま》ぢりぬ　その中《なか》に　吾《わ》れも交《ま》ぢりぬ　その中《なか》に　一二三四五六七《ひふさんよいむな》　汝《な》が撞《つ》けば　吾《わ》は唄《うた》ひ　吾《わ》が唄《うた》へば　汝《な》は撞《つ》く　撞《つ》きて唄《うた》ひて　霞立《かすみた》つ　永《なが》き春日《はるひ》を　暮《く》らしつるかも　長三

ひさかたの　天霧《あまき》る雪《ゆき》と　見《み》るまでに　降《ふ》るは桜《さくら》の　花《はな》にぞありける　短三

行《ゆ》く水《みづ》は　堰《せ》けば止《と》まるを　高山《たかやま》は　毀《こぼ》てば丘《をか》と　成《な》るものを　過《す》ぎし月日《つきひ》の　還《かへ》るとは　文《ふみ》にも見《み》へず　現人《うつせみ》の　人《ひと》も語《かた》らず　古《いにしへ》も　斯《か》くしあるらし　今《いま》の世《よ》も　斯《か》くぞありける　後《のち》の世《よ》も　斯《か》くこそあらめ　かに斯《か》くに　術無《すべな》きものは　老《お》いにぞありける　長四

うたてしき　ものにもあるか　年月《としつき》は　山《やま》の奥《おく》まで　尋《と》めて来《き》にけり　反歌

　岩室《いはむろ》の一《ひと》つ松《まつ》を詠《よ》める

岩室《いはむろ》の　田中《たなか》に立《た》てる　一《ひと》つ松《まつ》の木《き》　今朝見《けさみ》れば　時雨《しぐれ》の雨《あめ》に　濡《ぬ》れつつ立《た》てり

一《ひと》つ松《まつ》　人《ひと》にありせば　笠貸《かさか》さましを　蓑着《みのき》せましを　一《ひと》つ松哀《まつあは》れ　長五

大殿《おほとの》の　大殿《おほとの》の　殿《との》の御前《みまへ》の　御林《みはやし》は　幾代経《いくよへ》にけむ　ちはやぶる　神寂立《かみさびた》てり　朝《あした》には
い往《ゆ》き戻《もと》ほり　夕《ゆふ》べには　そこに出《い》で立《た》ち　立《た》ちて居《ゐ》て　見《み》れども飽《あ》かぬ　これの御林《みはやし》　長六

山陰《やまかげ》の荒磯《ありそ》の波《なみ》の立《た》ち返《かへ》り見《み》れども飽《あ》かぬこれの御林《みはやし》　反歌

求古に代《か》はりて詠《よ》める

わくらばに　人《ひと》となれるを　なにすとか　この悪《あ》しき気《け》に　ほださへて　昼《ひる》はしみらに
水鳥《みづとり》の　息付《いきつ》き暮《く》らし　ぬばたまの　夜《よる》はすがらに　人《ひと》の寝《ね》る　安眠《やすい》もい寝《ね》ず
たらちねの　母《はは》がましなば　かい撫《な》でて　足《た》らばさましを　若草《わかくさ》の　妻《つま》がありせば
かい持《も》ちて　育《はぐく》ましを　家訪《いへと》へば　家《いへ》もはふりぬ　うからもや　何地居《いづちゐ》ぬらむ　よしも無《な》く
荒《あ》れたる宿《やど》を　空《うつ》せ身《み》の　よすがとなせば　一日《ひとひ》こそ　堪《た》えもしつらめ　二日《ふたひ》こそ
忍《しぬ》びもすらめ　あらたまの　永《なが》き月日《つきひ》を　如何《いか》にして　暮《く》らし安《やす》らむ　うちつけに
死《し》なば死《し》なめと　思《おも》へども　流石命《さすがいのち》の　惜《お》しければ　かにもかくにも　術《すべ》をなみ　朝《あさ》な夕《ゆふ》なに
籠《こも》り居《ゐ》て　声《ね》のみし泣《な》かゆ　丈夫《ますらを》にして　長七

山田津《やまたづ》の　向《む》かひの丘《をか》に　さ牡鹿《をしか》立《た》てり
神無月《かみなづき》　時雨《しぐれ》の雨《あめ》に　濡《ぬ》れつつ立《た》てり　旋一

山陰《やまかげ》の　真木《まき》の板屋《いたや》に　雨《あめ》も降《ふ》り来《こ》ね
この丘《をか》に　朝菜摘《あさなつ》む子《こ》が　立《た》ち止《どま》るべく　旋二

左一が薨《みまか》りし折《おり》

この里《さと》に　行《ゆ》き来《き》の人《ひと》は　沢《さは》に在《あ》れども
さすたけの　君《きみ》しなければ　寂《さび》しかりけり　　旋三

鉢《はち》の子《こ》の歌《うた》

鉢《はち》の子《こ》は　愛《あ》しきものなり　うつしみの　家出《いゑで》せしより　あらたまの　年《とし》のを永《なが》く
持《も》たりしを　今日《けふ》よそに　忘《わす》れし来《く》れば　たつらくの　たどきも知《し》らず　をるらくの
術《すべ》をも知《し》らず　かりごもの　思《おも》ひ乱《みだ》れて　夕星《ゆふづつ》の　か行《ゆ》きかく行《ゆ》き　あしひきの
山辺《やまべ》を越《こ》へて　たまぼこの　路《みち》の隅々《くまぐま》　隅《くま》も落《お》ちず　求《と》めていなむと　思《おも》ひしに
此処《ここ》に在《あ》りとて　吾《あ》が許《もと》に　人《ひと》は持《も》て来《き》ぬ　うれしくも　持《も》て来《く》るものか　よろしなべ
持《も》ち来《く》るものか　その鉢《はち》の子《こ》を　　長八
鉢《はち》の子《こ》を　我《わ》が忘《わす》るれども　取《と》る人《ひと》は無《な》し　鉢《はち》の子《こ》哀《あは》れ　　反歌

塩之入《しおのり》の坂《さか》を墾《は》ると聞《き》きて

越《こし》の浦《うら》　角田《かくた》の海女《あま》の　朝凪《あさなぎ》に　いざなひて汲《く》み　夕凪《ゆふなぎ》に　こりて焼《や》くてふ　塩之入《しおのり》の
坂《さか》はかしこし　上見《うへみ》れば　目《め》にも及《およ》ばず　下見《したみ》れば　魂《たま》も消《け》ぬべし　千里行《ちさとゆ》く　駒《こま》も進《すす》まず
み空行《そらゆ》く　雲《くも》もはばかる　その坂《さか》を　善《よ》けく安《やす》けく　平《たい》らけく　墾《は》りけむ人《ひと》と　如何《いか》なるや
人《ひと》にませかも　ちはやぶる　神《かみ》の告《の》りかも　御仏《みほとけ》の　遣《つか》はせるかも　ぬばたまの　夜《よる》の夢《ゆめ》かも
現《おつつ》かも　かにもかくにも　言《い》はむ術《すべ》　せむ術《すべ》知《し》らに　塩之入《しおのり》の　坂《さか》に向《む》かひて　千度拝《ちたびおろが》む　　長九

雪《ゆき》の降《ふ》りし朝《あした》　天神《あまがみ》の宮《みや》に詣《まう》でて詠《よ》める

この宮《みや》の　宮《みや》のみ坂《さか》に　い出立《でた》てば　み雪《ゆき》降《ふ》りけり　厳橿《いつかし》が上《へ》に　短四

蜜蔵院に居《お》りし時《とき》に

夜明《よあ》くれば　森《もり》の下庵《したいほ》　鴉《からす》啼《な》く　今日《けふ》も浮世《うきよ》の　人《ひと》の数《かず》かも　短五

同《おな》じ折《おり》

大殿《おほとの》の　森《もり》の木下《こした》を　清《きよ》めつつ　昨日《きのふ》も今日《けふ》も　暮《く》らしつるかも　短六

蜜蔵院をい出《で》し折《おり》に

縁《ゐにし》あらば　又《また》も住《す》みなむ　大殿《おほとの》の　森《もり》の下庵《したいほ》　いたく荒《あ》らすな　短七

雪《ゆき》の降《ふ》りし朝《あした》

白雪《しらゆき》は　幾重《いくへ》も積《つ》もれ　積《つ》もらねばとて
たまぼこの　路踏《みちふ》み分《わ》けて　君《きみ》が来《こ》なくに　旋四

この夕《ゆふ》べ　秋《あき》は来《き》ぬらし　我《わ》が宿《やど》の　草叢《くさむら》ごとに　虫《むし》の声《こゑ》する　短八

昔《むかし》の友達《ともだち》の家《いへ》に行《ゆ》きて詠《よ》める

何事《なにごと》も　みな昔《むかし》とぞ　なりにける　花《はな》に涙《なみだ》を　注《そそ》ぐ今日《けふ》かも　短九

籠《かご》に飼《かひ》し鳥《とり》を見《み》て詠《よ》める

あしひきの　深山《みやま》の茂《しげ》み　恋《こ》ひつらむ　我《われ》も昔《むかし》の　想《おも》ほゆらくに　短一〇

沙門良寛書

三　木村家歌巻

良寛が六十九歳の時に島崎の木村家草庵に移住した後に書かれた歌巻が、「以や非こ」歌巻として三巻の巻物に装丁され、木村家に所蔵されて来ました。しかし、墨蹟を見ますと、「いやひこ」歌巻と「わがやど」歌巻および「つぬさほ」歌巻の紙幅が違っていますので、三巻が一連の作品として編まれたものはないことが分かります。「いやひこ」歌巻は「わがやど」歌巻「つぬさほ」歌巻とは別に、独立した長歌集として編まれたものでしょう。「わがやど」歌巻に変形歌一首と「つぬさほ」歌巻に旋頭歌六首が載る他は、三巻共に長歌と反歌の構成になっています。ここに、晩年を迎えた良寛の長歌に対する想い入れが感じられます。即ち、良寛の時代では既に詠まれることの少なくなった長歌を日本人の培った秀でた技と考え、これを後世に遺すべく、良寛自身も万葉集を通して学んだ技を謳い込んだのではないでしょうか。

墨蹟から推測しますと、「つぬさほ」歌巻は旋頭歌六首から始まったと思われます。そこには独りで山に住む寂寥感が謳われていますが、騒がしい人里に移ってみますと、以前の暮らしが懐かしく思えて、過って詠み蓄えた作品を書き連ねたのでしょうか。

最初に載る「つぬさほ」歌巻の長歌は最後に書かれたもので、その後に「おかの」と書かれているのは、この歌巻を木村家の次女である「かの」に贈ったものと想定されます。

「わがやど」歌巻は良寛の最晩年に詠んだ長歌を綴ったもので、良寛が七十三歳の時の作品「吾が宿の」から始まり、弟の由之から贈られた皮衣を詠んだ「敷島の」で歌巻を閉じ、そこに「沙門良寛」の署名を遺したものと思われます。そして、この歌巻の最後に置かれた「天雲の」で始まる「月の兎」の長歌は、書かれた紙面の前後が継がれていますので、これだけで独立していた作品ではないでしょうか。類歌は他に数点が伝わっています。

（良寛記念館蔵）

「良寛和尚図」
画は十五歳で良寛の弟子となり、良寛の亡くなるまで良寛の身の回りの世話をした遍澄《へんちょう》の作
賛は弘化四（一八四七）年に日本で最初の良寛詩集「良寛道人遺稿」を江戸で出版した蔵雲《ぞううん》が良寛の詠んだ長歌《ちょうか》を書いた物

本歌巻を所蔵されている木村家には失礼とは思いましたが、以上の勝手な考察を踏まえ、三つの歌巻に書かれた歌を良寛が書き遺したと推定される順序に並び替えて、作品の鑑賞を試みました。釈文の後に簡単な註釈を付し、難しいと思われる語句の意味を補いました。

歌巻「その一」

弥彦《いやひこ》の　麓《ふもと》の木立《こだち》　神寂《かみさ》びて　幾代経《いくよへ》ぬらむ　千早振《ちはやぶ》る　神寂《かみさ》び立《た》てり　山《やま》見れば　山《やま》も尊《とふ》とし　里見《さとみ》れば　里《さと》
も豊《ゆた》けし　朝日《あさひ》の　目美《まぐ》はしも　夕日《ゆふひ》の　うら暗《くら》しも　そこをしも　あやにともしみ　宮柱《みやはしら》　太《ふと》しき建《た》てし
弥彦《いやひこ》の神《かみ》　長一

註記
目美《まぐ》はし＝「目細《まぐわ》し」「見た目に美しい」の意味です。
うら暗《くら》し＝「心暗《うらくら》し」でしょうか。「心悲《うらかな》し」「心細《うらぐわ》し」の古語があります。
あやにともしみ＝「奇《あや》に」は「誠に」「何とも不思議なまでに」で、「羨《ともし》む」は「珍しくて心が引かれる」の意味です。

百《もも》なかの　弥彦山《いやひこやま》を　いや登《のぼ》り　吾《わ》が登《のぼ》れば　高嶺《たかね》には　八雲棚引《やくもたなび》き　麓《ふもと》には　木立神寂《こだちかみさ》び　落《お》ち滾《たぎ》つ　水音《みおと》
さやけし　越路《こしぢ》には　山《やま》はあれども　越路《こしぢ》には　水《みづ》はあれども　この山《やま》の　いや益《ま》す高《だか》に　この水《みづ》の　絶《た》ゆるこ
となく　在《あ》り通《がよ》ひ　仕《つか》ひ奉《まつ》らむ　弥彦《いやひこ》の神《かみ》　長二
弥彦《いやひこ》の　森《もり》の陰道《かげみち》　踏《ふ》み分《わ》けて　吾来《われき》にけらし　その陰道《かげみち》を　反歌

註記
落《お》ち滾《たぎ》つ＝「水が激しく沸き返る」の意味です。

かけまくも　あやに尊《とふ》とし　言《い》はまくも　畏《かしこ》きかも　久方《ひさかた》の　天《あま》の命《みこと》の　み頭《かしら》に　白髪生《しらかみお》ふる　朝《あした》には　臣《おみ》を召《め》
さしめ　白銀《しろがね》の　毛抜《けぬき》を用《もち》て　その髪《かみ》を　抜《ぬ》かし給《たま》ひて　白銀《しろがね》の　筥《はこ》に秘《ひ》め置《お》き　天伝《あまつた》ふ　日嗣《ひつぎ》の御子《みこ》に　伝《つた》ふ
れば　日嗣《ひつぎ》の御子《みこ》も　槻《つき》の木《き》の　いや継《つ》ぎ継《つ》ぎに　かくしつつ　い伝《つた》へますと　聞《き》くが羨《とも》しも　長三
白髪《しらかみ》は　公《おほやけ》ものぞ　畏《かしこ》しや　人《ひと》の頭《かしら》も　避《よ》くと言《い》はなくに　反歌一
白髪《しらかみ》は　黄泉《よみ》の命《みこと》の　使《つか》ひかも　鬱《おほ》にな思《も》ひそ　その白髪《しらかみ》を　反歌二
鬱《おほ》に思《おも》ふ　心《こころ》をいまゆ　うち捨《す》てて　拝《おろ》がみませよ　月《つき》に日《ひ》にけに　反歌三
世《よ》に満《みつ》る　宝《たから》といへど　白髪《しらかみ》に　豈及《あにおよ》ばめや　千々《ちぢ》の一《ひと》つも　反歌四

註記
白髪《しらかみ》を宝《たから》として白銀《しろがね》の筥《はこ》に秘《ひ》め置《お》いたと詠うこの長歌には、元になる民話か何かがあるのでしょうか。それとも、ユーモアに富んだ歌謡作家でもある良寛の創作でしょうか。

かけまくも＝「心に懸ける程に」の意味です。

言《い》はまくも＝「口に出して言う程に」の意味です。

鬱《おほ》に思《おも》ふ＝「憂いて恨みに思う」の意味ですが、「万葉集　巻三」四七六の「わが王《おほきみ》　天《あめ》知らさむと　思はねば　凡《おほ》にぞ見ける　和豆香《わづか》そま山」では「なおざりに」の意味になります。

豈及《あにおよ》ばめや＝「何も及ぶ物とて無い」の意味です。

越《こし》の国《くに》　角田《かくだ》の浦《うら》の　乙女《をとめ》らが　朝凪《あさなぎ》に　相呼《あひよ》びて汲《く》み　夕凪《ゆふなぎ》に　濾《こ》りて焼《や》くちう　塩之入《しおのり》の　坂《さか》はかしこし　上《うへ》見れば　目《め》にも及《およ》ばず　下見《したみ》れば　魂《たま》も消《け》ぬべし　千里行《ちさとゆ》く　駒《こま》も進《すす》まず　み空行《そらゆ》く　雲《くも》も憚《はばか》る　その坂《さか》を　善《よ》けく安《やす》けく　平《たひ》らけく　なしけむ主《ぬし》は　いかなるや　人《ひと》にませかも　ちはやぶる　神《かみ》の詔《のり》かも　ぬばたまの夜《よる》の夢《ゆめ》かも　おつつかも　かにもかくにも　言《い》はむ術《すべ》　せむ術《すべし》知らに　塩之入《しおのり》の　坂《さか》に向《むか》ひて　千度拝《ちたびおろ》がむ　長四

註記

この歌も、少し大袈裟と思える詠い回しの感じを含んだユーモアな作品とも思われますが、実際に難儀をしながら塩法峠を越えて与板と行き来をした良寛にとっては、この開墾工事が本当に有難いと言った気持ちが良く読み取れます。

おつつかも＝「おつつ」は「現《うつつ》」の訛ったものです。

邂逅《わくらば》に　人《ひと》となれるを　なにすとか　悪《あ》しき病《やまふ》に　絆《ほだ》さへて　昼《ひる》はしみらに　水鳥《みづとり》の　息《いき》つき暮《くら》し　ぬばたまの　夜《よる》はすがらに　人《ひと》の寝《ぬ》る　安眠《やすい》は寝《いね》ず　たらちねの　母《はは》がましなば　掻《か》き撫《な》でて　足《た》らはさましを　若草《わかくさ》の　妻《つま》がありせば　かい持《も》ちて　育《はぐく》ましを　家訪《いへと》へば　家《いへ》も放《はふ》りぬ　兄弟《はらから》も　何処居《いづちい》ぬらむ　連《つ》れも無《な》く　荒《あ》れたる宿《やど》を　現人《うつせみ》の　便《よすが》となせば　一日《ひとひ》こそ　堪《た》へもしつらめ　二日《ふたひ》こそ　忍《しぬ》びもすらめ　あらたまの　この長《なが》き日《ひ》を　如何《いか》に暮《くら》らさむ　麻手小衾《あさでこぶすま》　長五

註記

この歌は、良寛少年時代の儒学の師であった大森子陽の子、求古《きゅうこ》が病と貧困に苦しむ様子を悲しみ傷《いた》んで詠んだ作品と言われています。

邂逅《わくらば》に＝「偶々に」「偶然に」の意味です。

絆《ほだ》さへて＝絆は「きずな」で、「からみつかれて」の意味です。
昼《ひる》はしみらに＝「昼は終日《ひねもす》」の意味です。
夜《よる》はすがらに＝「夜中中《よなかじゅう》」の意味です。
現人《うつせみ》＝「この世に生きる人の」の意味です。
麻手小衾《あさでこぶすま》＝「粗末な蒲団《ふとん》（しか持たずに）」の意味です。

手《て》を折《を》りて　打《う》ち数《かぞ》ふれば　吾《わ》が背子《せこ》に　別《わか》れにしより　今日《けふ》までに　年《とし》の八歳《やとし》を　連《つ》れも無《な》く　荒《あ》れたる宿《やど》に
手弱女《たをやめ》が　一人《ひとり》し住《す》めば　慰《なぐさ》むる　言《こと》とは無《な》しに　嘆《なげ》きの身《み》　積《つも》り積《つも》りて　影《かげ》の如《ごと》　吾《わ》が身《み》はなりぬ　今更《いまさら》に
世《よ》にはありとも　ありのみの　あり甲斐無《かひな》しと　思《おも》へこそ　一日《ひとひ》に千度《ちたび》　死《し》なめとは　思《おも》ひはすれど　二人《ふたり》の児《こ》
見るに心《こころ》の　絆《ほだ》さへて　言《い》はむ術《すべ》　せむ術《すべ》知《し》らに　隠《かく》りゐて　音《ね》のみし泣《な》かゆ　朝《あさ》な夕《ゆう》なに　長六
まそ鏡《かがみ》　手《て》に取《と》り持《も》ちて　今日《けふ》の日《ひ》も　眺《なが》め暮《くら》しつ　影《かげ》と姿《すがた》と　反歌一
吾《わ》がごとや　儚《はかな》き者《もの》は　またもあらじと　思《おも》へばいとど　儚《はかな》かりけり　反歌二

注記
この歌の別稿に「人に代りて」の題詞があるそうです。前の長歌と共に、悩み苦しむ人への良寛の愛惜の情がひしひしと感じられます。

歌巻「その二」
墨染《すみぞ》めの　吾《わ》が衣手《ころもて》の　広《ひろ》くありせば　世《よ》の中《なか》の　貧《まど》しき民《たみ》を　覆《おほ》はましものを　旋一

山田津《やまたづ》の　向《むか》ひの岡《をか》に　さ雄鹿《ほしか》立《た》てり　神無月《かみなづき》　時雨《しぐれ》の雨《あめ》に　濡《ぬ》れつつ立《た》てり　旋二
山陰《やまかげ》の　真木《まき》の板屋《いたや》に　雨《あめ》も降《ふ》りこね　さすたけの　君《きみ》が暫《しば》しと　立《た》ち止《ど》まるべく　旋三
白雪《しらゆき》は　幾重《いくへ》も積《つ》もれ　積《つ》らねばとて　たまぼこの　道踏《みちふ》み分《わ》けて　君《きみ》が来《こ》なくに　旋四
この里《さと》に　行《ゆ》き来《き》の人《ひと》は　沢《さは》にあれども　さすたけの　君《きみ》しなければ　寂《さび》しかりけり　旋五
この宮《みや》の　宮《みや》のみ坂《さか》に　吾《わ》が出《い》で立《た》てば　久方《ひさかた》の　み雪降《ゆきふ》りけり　厳樫《いつかし》が上《へ》に　旋六

註記

ここに、一人山に住む寂寥感を詠った旋頭歌《せどうか》が六首続きます。特に難しい言葉は有りませんので、声に出してゆっくりと朗詠してみては如何《いかが》でしょうか。

岩室《いはむろ》の　田中《たなか》に立《た》てる　一《ひと》つ松《まつ》の木《き》　今朝《けさ》見れば　時雨《しぐれ》の雨《あめ》に　濡《ぬ》れつつ立《た》てり　一《ひと》つ松《まつ》　人《ひと》にありせば　笠貸《かさか》さましを　蓑着《みのき》せましを　一《ひと》つ松哀《まつあは》れ　長一
岩室《いはむろ》の　田中《たなか》の松《まつ》を　今朝《けさ》見れば　時雨《しぐれ》の雨《あめ》に　濡《ぬ》れつつ立《た》てり　反歌

註記

この歌では一《ひと》つ松《まつ》を擬人化して「笠貸《かさか》しましを　蓑着《みのき》せましを」と詠っていますが、「古事記」の歌謡三十番「尾張《おはり》に直《ただ》に向へる　尾津《をつ》の崎なる　一つ松　あせを　一つ松　人にありせば　太刀佩《たちは》けましを　衣着《きぬき》せましを　一つ松　あせを」を踏まえていると思います。
この後にも「古事記」の歌謡を踏まえた歌が出てきますが、良寛の博学振りが窺えます。

大殿《おほとの》の　大殿《おほとの》の　殿《との》のみ前《まへ》の　み林《はやし》は　幾代経《いくよへ》ぬらむ　ちはやぶる　神寂《かみさ》び立《た》てり　庵《いほり》をしつつ　朝《あした》には　い往《ゆ》き戻《もと》ほり　夕《ゆふ》べには　そこに出《い》で立《た》ち　立《た》ちて居《い》て　見れども飽《あ》かぬ　これのみ林《はやし》　長二

山陰《やまかげ》の　荒磯《ありそ》の浪《なみ》の　立《た》ち返《かへ》り　見《み》れども飽《あ》かぬ　これのみ林《はやし》　反歌

註記

ここで詠われる「殿《との》のみ前《まへ》のみ林《はやし》」は寺泊の照明寺境内にあったもので、良寛は幾度か、この照明寺境内にあった蜜蔵院に仮住《かりず》まいをしていたようです。

黄昏《たそがれ》に　国上《くがみ》の山《やま》を　越《こ》へ来《く》れば　高嶺《たかね》には　鹿《しか》ぞ啼《な》くなり　麓《ふもと》には　紅葉散《もみぢち》り敷《し》く　鹿《しか》の如《ごと》　音《ね》にこそ泣《な》かね　紅葉《もみぢ》ばの　いやしくしくに　ものぞ悲《かな》しき　長三

夕暮《ゆうぐ》れに　国上《くがみ》の山《やま》を　越《こ》へ来《く》れば　衣手寒《ころもでさむ》し　木の葉散《はち》りつつ　反歌

夕暮《ゆうぐ》れに　国上《くがみ》の山《やま》を　越《こ》へ来《く》れば　高嶺《たかね》には　紅葉散《もみぢち》りつつ　麓《ふもと》には　鹿《しか》ぞ啼《な》くなる　紅葉《もみぢ》さへ　時《とき》は知《し》るといふを　鹿《しか》すらも　羨《ともし》むべしや　まして吾《われ》は　現《うつ》し身《み》の　世《よ》の人《ひと》にしあれば　長四

あしひきの　国上《くがみ》の山《やま》の　山陰《やまかげ》の　乙子《おとご》の宮《みや》に　宮仕《みやづか》ひ　朝《あさ》な夕《ゆふな》に　岩床《いはどこ》の　苔《こけ》うす道《みち》を　踏《ふ》み均《なら》し　い往《ゆ》き還《かへ》らひ　まそ鏡《かがみ》　仰《あふ》ぎて見れば　み林《はやし》は　神寂《かみさ》び立《た》てり　五月《さつき》には　山不如帰《やまほととぎす》　をち帰《かへ》り　来鳴《きな》き響動《とよ》もし　長月《ながつき》の　時雨《しぐれ》の時《とき》は　紅葉《もみぢ》ばを　引《ひ》きて手折《たをり》て　あらたまの　あまた月日《つきひ》を　此処《ここ》に過《すご》しつ　長五

青山《あおやま》の　木末《こぬれ》たち清《く》き　不如帰《ほととぎす》　鳴《な》く声聞《こへき》けば　春《はる》は過《す》ぎけり　反歌一

吾《わ》が宿《やど》を　訪《たづ》ねて来《き》ませ　あしひきの　山《やま》の紅葉《もみぢ》を　手折《たを》りがてらに　反歌二

露霜《つゆしも》の　秋《あき》の紅葉《もみぢ》と　不如帰《ほととぎす》　いつの世《よ》にかは　吾《わ》が忘《わす》れめや　反歌三
乙宮《おとみや》の　森《もり》の木下《こした》に　吾《わ》れ居《お》れば　鐸響《ぬてゆら》ぐもよ　人来《ひとき》たるらし　反歌四

註記
国上山《くがみやま》の五合庵と、その山裾に建つ乙子《おとご》の宮《みや》に住んだ時の心情を詠った長歌と反歌が続きました。長五の「来鳴《きな》き響動《とよ》もし」は「来て鳴き響かせる」の意味です。そして、反歌四の次の句以外は特に難しい語句がありませんので、ここも、声に出してゆっくりと朗詠してみては如何《いかが》でしょうか。
鐸響《ぬてゆら》ぐもよ＝鐸《ぬて》は神社の社殿に吊るした大きな振り鈴のことで、「古事記」の歌謡百十一に「浅茅原《あさぢはら》　小谷《をだに》を過ぎて　百伝《ももづた》ふ　鐸響《ぬてゆら》くも　置目《おきめく》来らしも」があります。

岩室《いはむろ》の　田中《たなか》に立《た》てる　一《ひと》つ松《まつ》の木《き》　今日見《けふみ》れば　時雨《しぐれ》の雨《あめ》に　濡《ぬ》れつつ立《た》てり　一《ひと》つ松《まつ》　人《ひと》にありせば　笠貸《かさか》しましを　蓑着《みのき》せましを　一《ひと》つ松哀《まつあは》れ　長六
岩室《いはむろ》の　野中《のなか》に立《た》てる　一《ひと》つ松《まつ》　今日見《けふみ》れば　時雨《しぐれ》の雨《あめ》に　濡《ぬ》れつつ立《た》てり　反歌

註記
この長歌は「久賀美」の長五と同じく、この歌巻の初めに書かれた長一と反歌とも同じです。
良寛が托鉢の道すがらに詠んだ、この類歌の書かれた墨跡が多く残っていますので、良寛の好きな歌だったでしょう。

宵々《よひよひ》に　霜《しも》は置《お》けども　よしゑやし　朝日《あさひ》に溶《と》けぬ　年《とし》の端《は》に　雪《ゆき》は降《ふ》れども　よしゑやし　春日《はるひ》に消《き》えぬ　し

かすがに　人《ひと》の頭《かしら》に　降《ふ》り積《つ》めば　積《つ》みこそまされ　あらたまの　年《とし》は経《ふ》れども　消《き》ゆと言《い》はなくに　長七
白雪《しらゆき》は　振《ふ》ればかつ消《け》ぬ　しかはあれども　頭《かしら》に降《ふ》れば　消《き》えずぞありける　反歌

註記
よしゑやし＝「万葉集　巻二」一三一の長歌に「…よしゑやし　浦はなくとも…」とあり、「たとえ」「かりに」の意味で下の句に続きますが、ここでは「たとえ…としても」の意味で上の句を受けています。
しかすがに＝「そうは言うものの」の意味です。

行《ゆ》く水《みづ》は　堰《せ》けば止《と》まるを　高山《たかやま》は　毀《こぼ》てば丘《おか》と　なるものを　過《す》ぎし月日《つきひ》の　返《かへ》るとは　文《ふみ》にも見えず　現《うつ》せ身《み》の　人《ひと》も語《かた》らず　古《いにしへ》も　かくしあるらし　今《いま》の世《よ》も　かくぞありける　後《のち》の世《よ》も　かくこそあらめ　かにかくも　術無《すべな》きものは　老《お》ひにぞありける　長八
ねもごろの　ものにもあるか　年月《としつき》は　賎《しづ》か宿《やど》まで　尋《と》めて来《き》にけり　反歌

註記
毀《こぼ》てば丘《おか》＝「毀《こぼ》つ」は「こわす」「けずる」の意味です。
ねもごろ＝「懇《ねんご》ろ」と同じく心を籠《こ》めることですが、ここでは「どうも、ご丁寧なことに」と言う、余り有難くない気持ちで使われているようです。

鉢《はち》の子《こ》は　愛《は》しきものかも　しきたへの　家出《いえで》せしより　朝《あした》には　腕《かひな》に掛《か》けて　夕《ゆふ》べには　掌《たなへ》に載《の》せて　年《とし》の緒《を》刈《か》永《なが》く　持《も》たりしを　今日他所《けふよそ》に　忘《わす》れし来《く》れば　立《た》つらくの　たづきも知《し》らず　居《お》るらくの　術《すべ》をも知《し》らず

り菰《ごも》の　思《おも》ひ乱《みだ》れて　夕星《ゆふづつ》の　か往《ゆ》きかく行《ゆ》き　谷蟆《たにぐく》の　さ渉《わた》る底《そこ》ひ　天雲《あまぐも》の　向《む》か伏《ふ》す極《きわ》み　天地《あめつち》の　寄《よ》り合《あ》ひの限《かぎ》り　杖《つえ》つきも　つかずも行《ゆ》きて　求《と》めなむと　思《おも》ひし時《とき》に　鉢《はち》の子《こ》は　ここにありとて　吾《わ》が許《もと》に　人《ひと》は持《も》て来《き》ぬ　いかなるや　人《ひと》にませかも　ちはやぶる　神《かみ》の宣《のり》かも　ぬばたまの　夜《よる》の夢《ゆめ》かも　嬉《うれ》しめも　持《も》ち来《く》るものか　宜し《よろし》なべ　持《も》て来《く》るものか　その鉢《はち》の子《こ》を　長九

道《みち》の辺《べ》に　菫《すみれ》摘《つ》みつつ　鉢《はち》の子《こ》を　忘《わす》れてぞ来《こ》し　その鉢《はち》の子《こ》を　反歌一

鉢《はち》の子《こ》を　吾《わ》が忘《わす》るれども　取《と》る人《ひと》は無《な》し　取《と》る人《ひと》は無《な》し　鉢《はち》の子《こ》哀《あは》れ　反歌二

註記

この歌では「しきたへの」「立《た》つらくの」「居《お》るらくの」「刈《か》り菰《ごも》の」「夕星《ゆふづつ》の」「谷蟆《たにぐく》の」「天雲《あまぐも》の」「天地《あめつち》の」「ちはやぶる」「ぬばたまの」と、良寛お得意の枕詞を沢山使って調子を整えています。

たづきも知《し》らず＝「たづき」は「手掛《てが》かり」です。

宜《よろ》しなべ＝「丁度《ちょうど》良い具合《ぐあい》に」の意味です。

つぬさほ　岩坂山《いはさかやま》の　麓《ふもと》のや　み寺《てら》の梅《うめ》を　垣越《かきご》しに　ほの見てしより　さ根《ね》こじの　根掘《ねこじ》にせむと　むらぎもの　心《こころ》に掛《か》けて　霞立《かすみた》つ　長《なが》き春日《はるひ》を　忍《しぬ》びかね　夕《ゆう》さりくれば　からにしき　里発《さとた》ち出《い》でて　はた薄《すすき》　生《お》ふ野《ぬ》を過《す》ぎて　千鳥鳴《ちどりな》く　浜辺《はまび》を通《とふ》り　真木立《まきた》てる　荒山越《あらやまこ》えて　磐《いは》が根《ね》の　嶮《ここ》しき道《みち》を　踏《ふ》みさくみ　辿《たど》り辿《たど》りに　忍《しぬ》びつつ　裏門回《うらかどまは》り　大寺《おほてら》の　垣根《かきね》に立《た》てば　寺守《てらもり》の　よや盗人《ぬすびと》と　呼《よ》ばはれば　里《さと》に聞《き》こへて　里人《さとびと》は　各《おの》も各《おの》もに　手《て》を分《あか》ち　笞《しもと》を取《と》りて　あしひきの　深山《みやま》もさやに　笹《ささ》の葉《は》の　露《つゆ》を押《お》しなみ　たまぼこの　道《みち》も無《な》きまで　囲《かく》みつつ　しかしよりして　天《あめ》が下《した》に　花盗人《はなぬすびと》と　名乗《なのら》へし　君《きみ》にはませど　現《うつ》せ身《み》の　世《よ》のことなれば　何時《いつ》しかも　年《とし》の経《へ》ぬれば　芦《あし》の屋《や》の　伏屋《ふせや》がもとに　夜《よ》もすがら　八束《やつか》の鬚《ひげ》を　掻《か》い

撫《な》でて　おはすらむかも　この月頃《つきごろ》は　　長十
何事《なにごと》も　皆昔《みなむかし》とぞ　なりにける　花《はな》に涙《なみだ》を　灌《そそ》ぐ今日《けふ》かも　　反歌　　おかの

註記

詠い出しの「つぬさほ」は「つのさわう」という、下の句の「岩」に係る枕詞が訛ったもので、「つの」は萌え出した植物の芽、「さわう」は「障《さわ》う」ですから、「つのさわう岩」は、萌え出した草の芽を遮《さえぎ》る岩という意味となるようです。

この長歌は、他にも類歌が詠まれていて、良寛の代表的な外護者の一人であった原田有則《ありのり》の花盗人の風流譚を詠ったものとして良く知られています。

根掘《ねこじ》＝樹木などを根の付いたまま掘り取ることを言います。

踏《ふ》みさくみ＝「踏み分ける」の意味です。

手《て》を分《あか》ち＝「手分けをして」の意味です。

笞《しもと》＝罪人を打つのに用いる、細い木の枝で作った笞《むち》のことです。

深山《みやま》もさやに＝「さやに」は、竹の葉などが「さやさや」とざわめく様子を言います。

反歌の後にある「おかの」は、木村家の次女の名前です。この歌巻は、「かの」が嫁ぐに当たって、お祝いとして書かれたのではないでしょうか。

歌巻「その三」

吾《わ》が宿《やど》の　垣根《かきね》に植《う》へし　秋萩《あきはぎ》や　一本薄《ひともとすすき》　女郎花《おみなへし》　紫苑撫子《しおになでしこ》　藤袴《ふぢばかま》　鬼《おに》の醜草《しこぐさ》　抜《ぬ》き捨《す》てて　水《みず》を運《はこ》びて

日覆《ひおひ》して　育《そだ》てしからに　たまぼこの　道《みち》も無《な》きまで　蔓延《はびこ》りぬ　朝《あさ》な夕《ゆふ》なに　行《ゆ》き戻《もど》り　そこに出《い》で立《た》ち　立《た》ちて居《ゐ》て　秋待《あきま》ち遠《どほ》に　思《おも》ひしに　時《とき》こそあれ　五月《さつき》の月《つき》の　二十日余《はつかま》り　四日《よか》の夕《ゆふ》べの　大風《おほかぜ》の　気負《きお》ひて吹《ふ》けば　粗《あら》がねの　土《つち》に倒《たお》りて　久方《ひさかた》の　雨《あめ》に乱《みだ》りて　百千《ももちぢ》に　なりにしぬれば　門鎖《かどさし》て　足擦《あしづ》りしつつ　い寝《ね》ぞしにける　いとも術《すべ》なみ　長一

手《て》もすまに　植《う》ゑて育《そだ》てし　八千草《やちぐさ》は　風《かぜ》の心《こころ》に　任《まか》せたりけり　反歌

註記

この歌は貞心尼の「蓮《はちす》の露《つゆ》」に「天保元年五月大風の吹きし時の御歌」の題詞が付けてありますので、良寛が亡くなる前の年に詠《よ》まれたことが分かります。

私は以前に、「良寛歌集」と「良寛詩集」から、良寛が草木を詠み込んだ歌と詩を拾い集めた事がありますが、実に多くの作品と草木の名前が挙げられました。

その作品群から、身近に生えた草木に暖かい目を向けていた良寛の姿が読み取れます。

本来、自分の物を持たない生き方を選んだ良寛が、この歌では、晩年に仮託していた木村家の庭に、自分の好きな草花を大事に育てていたことが伺われて、大変に興味深いです。

この頃には、良寛は大病を患っていて托鉢等で外への出歩きが難しくなっていたのでしょう。

以下に、聞き慣れない句の意味などを整理しておきますので、再度、意味を確認しながら良寛の歌を声に出しながら味わって頂きたいと思います。

鬼《おに》の醜草《しこぐさ》＝紫苑《しおに》の別名ですが、ここでは雑草の意味に使われています。

蔓延《はびこ》りぬ＝普通には忌み嫌う言葉ですが、良く育ってくれたと喜んだ意味に使っています。

土《つち》に倒《たお》りて＝遺墨には「倒《たお》りて」に「のへふし」の添え書きがあり、「蓮《はちす》の露《つゆ》」には「土《つち》に延《の》べ伏《ふ》し」とあります。

手《て》もすまに＝「手を休めずに」の意味です。

良寛の和歌には、「万葉集」で会得したと思われる歌詞が盛んに出てきて、作品の鑑賞を楽しくさせてくれます。

五陰皆空と照見して一切の苦厄を度すといふ心《こころ》を詠《よ》める
世《よ》の中《なか》は　儚《はかな》きものぞ　あしひきの　山鳥《やまどり》の尾《を》の　垂尾《しだりを》の　長々《ながなが》し代《よ》を　百代《ももよ》継《つ》ぎ　五百代《いをよ》を掛《か》けて　万代《よろづよ》に
極《きは》めて見れば　枝《えだ》に枝《えだ》　巷《ちまた》に巷《ちまた》　分《わか》らへて　立《た》つらくの　たどきも知《し》らず　居《お》るらくの　術《すべ》おも知《し》らず　解《と》き衣《ぎぬ》
の　思《おも》ひ乱《みだ》れて　浮雲《うきぐも》の　行方《ゆくへ》も知《し》らず　言《い》はむ術《すべ》　せむ術《すべ》知《し》らず　沖《おき》に棲《す》む　鴨《かも》のもころの　水鳥《みづとり》の　八尺《やさか》
の息《いき》を　吐《つ》き居《ゐ》つつ　誰《たれ》に向《む》かひて　訴《うた》へまし　大津《おほつ》の辺《へ》に居《ゐ》る　大船《おほふね》の　舳綱《へづなと》解き放《はな》ち　艫綱《ともづなと》解き放《はな》ち
大海原《おほうなばら》の上《へ》に　押《お》し放《はな》す　ことの如《ごと》く　彼方《をちかた》や　繁木《しげき》が本《もと》を　焼《や》い鎌《がま》の　利鎌《とがまも》持て　打《う》ち掃《はろ》ふ　ことの如《ごと》く
五《いつ》つの陰《かげ》を　さながらに　五《いつ》つの陰《かげ》と　知《し》る時《とき》は　心《こころ》も焦《い》れず　言《こと》も無《な》く　度《わた》し尽《つ》くしぬ　世《よ》の事々《ことごと》も　長二
現《うつ》し身《み》の　現心《うつつごころ》の　止《や》まぬかも　生《う》まれぬ先《さき》に　度《わた》しにし身《み》を　反歌一
津《つ》の国《くに》の　難波《なには》の事《こと》は　よしゑやし　只《ただ》に一足《ひとあし》　進《すす》め諸人《もろびと》　反歌二

註記
題詞は、「般若心経」の初めの経文「観自在菩薩行深般若波羅蜜多時照見五蘊皆空度一切苦厄」を意味していることは明らかです。

儚《はかな》きものぞ＝「これと言った意味も無く、頼りにならないものである」ということです。

立《た》つらくの＝「らく」は何々「すること」の意味で、「老いらく」等と使います。

たどきも知《し》らず＝「たどき」は「方便《たづき》」の訛ったものです。

沖《おき》に棲《す》む鴨《かも》のもころの水鳥《みづとり》の八尺《やさか》の息《いき》を＝「もころ」は「如き」「同じ」の意、「八尺《やさか》」は「長い」の意で、「万葉集巻十四」三五二七に、「沖に住む　小鴨《をがも》のもころ　八尺鳥《やさかどり》　息《いき》づく妹《いも》を置きて来《き》のかも」があります。

「大津《おほつ》の辺《へ》に居《ゐ》る」から「打《う》ち掃《はろ》ふ　ことの如《ごと》く」までは、「大祓　詞《おほはらへのことば》」の次に示した部分の応用です。

「大津辺《おほつべ》に居《を》る　大船《おほふね》を　舳《へと》解き放《はな》ち　艫《ともと》解き放《はな》ち　大海原《おほうなばら》に　押《お》し放《はな》つことのごとく　彼方《をちかた》の　繁木《しげき》が本《もと》を　焼鎌《やきがま》の利鎌《とがま》以ちて　打《う》ち掃《はろ》ふことのごとく」


良寛の生家は神職を兼ねていましたので、良寛も若い時から祓　詞《はらえことば》に精通してことが伺われ、それを、仏法を説いた歌に読み込んでいる良寛の機知には脱帽させられます。

この祓詞は、後に「遺《の》る罪《つみ》はあらじと　祓《はら》へ給《たま》ひ清《きよ》め給《たま》ふことを…」と続き、神が罪を打ち掃らって呉れることを願っていますが、良寛は、この歌を読む私達に、自分の思いや煩いをさっぱりと打ち払って「五蘊皆空」を照見しなさいと言っています。


さながらに＝「そのままに」「そっくりに」の意味です。

心《こころ》も焦《い》れず＝「焦《あせ》る心も消えて」の意味です。

現《うつ》し身《み》＝「現世に生きているこの身」の意味です。

現　心《うつつごころ》＝本来は「生きている心地」「正気」の意味ですが、ここでは「うつらうつらとした心地」「夢心地」の意味に使われています。

よしゑやし＝「たとえ」「かりに」「万一」などの意味ですが、此処では「兎に角」でしょう。

風交《かぜま》じり　雪《ゆき》は降《ふ》りきぬ　雪交《ゆきま》じり　雨《あめ》は降《ふ》りきぬ　この夕《ゆふ》べ　起《お》きゐて聞《き》けば　雁《かり》がねも　天《あま》つみ空《そら》を　泥《なづ》みつつ行《ゆ》く　長三

註記

この歌には、二、三の類歌がありますが、この歌巻に書かれていることは、良寛がこの歌巻を書いている時に、遠くの空から実際に聞こえて来る雁の声を詠んだものではないでしょうか。

難儀しながら寒い冬の夜空を飛ぶ雁の群れに、最晩年の良寛が注いだ哀れみと励ましの情感が伝わってきます。

天《あま》つ＝「天の」「天にある」の意味です。

泥《なづ》みつつ＝「はかばかしくは進まずに」の意味です。

敷島《しきしま》の　大和《やまと》の国《くに》は　古《いにしへ》ゆ　言挙《ことあげ》せぬ国《くに》　然《しか》れども　吾《われ》は言挙《ことあげ》す　過《す》ぎし夏《なつ》　弟《おと》の賜《たま》ひし　つくり皮《かは》　いやと
ふ白《じろ》く　栲《たへ》の穂《ほ》に　ありにし皮《かは》や　吾《わ》が家《いへ》の　宝《たから》と思《おも》ひ　行《ゆ》く時《とき》は　負《お》ひてもたらし　寝《ぬ》る時《とき》は　衾《ふすま》となして
束《つか》の間《ま》も　吾《あ》が身を去《さ》らず　持《も》たりせど　奇《く》しき徴《しるし》も　著《いちじる》く　あらざりければ　この度《たび》は　深《ふか》く考《かふが》へ　殊更《ことさら》に
夜《よる》の衣《ころも》の　上《うへ》にして　そが上《うへ》に　吾《わ》が肌着《はだつ》けて　臥《ふ》し寝《ぬ》れば　夜《よる》はすがらに　熟睡《うまい》して　ほのりほのりと　み冬《ふゆ》
月《つき》　春日《はるひ》に向《む》かふ　心地《ここち》こそすれ　　長四

何《なに》をもて　応《こた》えて良《よ》けむ　たまきはる　命《いのち》に向《む》かふ　これの賜物《たまもの》　　反歌一

然《しか》りとて　黙《もだ》に堪《た》へねば　言挙《ことあげ》す　勝《かち》さびをすな　吾《わ》が背《せな》の君《きみ》　　反歌二

註記

言挙《ことあげ》は言葉に出して特に言い立てることで、「万葉集　巻十三」三二五〇に「蜻蛉島《あきづ》　日本《やまと》の国は　神《かむ》からと　言挙《ことあげ》せぬ国　しかれども　吾《われ》は言挙《ことあげ》す　天地の…」と詠い出す長歌があります。良寛がこれに習って、「この大和の国では、昔から、わざわざ言葉に出して自慢話などはしないものであるが」という、言い訳気味の詠《うた》い出しが面白いと思います。

吾《わ》が背《せな》の君《きみ》と呼び掛ける、弟、由之からの贈り物が余程嬉しいのでしょう。

つくり皮《かは》　いやとふ白《じろ》く　栲《たへ》の穂《ほ》の　ありにし皮《かは》や＝つくり皮《かわ》は「なめし皮」、いやとふは「甚だ」、栲《たへ》の穂《ほ》に　ありにし皮《かは》は、栲《たへ》の穂《ほ》のように白い皮の意味です。

栲は、楮《こうぞ》や白膠木《ぬるで》のことで、この皮の繊維で織った布を白栲《しろたえ》と言い、「古事記」下巻「吉野の宮」の歌謡に「白栲《しろたえ》の袖著具《そできそな》ふ　手腓《たこむら》に」の句があります。

このように、良寛は「万葉集」のみならず、「古事記」や「日本書紀」に載る歌謡にも精通していたようです。

良寛僧が今朝《けさ》の朝《あさ》　花持《はなも》て逃《に》ぐる　おむ姿《すがた》　後《のち》の世《よ》まで　残《のこ》らむ　戯《ざ》れ歌　　沙門良寛

註記

良寛遺墨の巻物や綴じ本には、表装や製本の折に、元の順番が崩されている例が幾つか有りますので、この戯れ歌と良寛の署名が有ることから、此処を歌巻の終わりと思いました。

戯れ歌の意味を如何《どう》捉えるかに一考を要します。

歌巻「月の兎」

天雲《あまぐも》の　向伏《むかふ》す極《きわ》み　谷蟆《たにぐく》の　さ渡《わた》る底《そこ》ひ　国《くに》はしも　沢《さは》にあれども　人《ひと》はしも　数多《あまた》あれども　み仏《ほとけ》の　生《あ》れます国《くに》の　開《あ》き方《かた》の　その古《いにしへ》の　事《こと》なりし　猿《まし》と兎《おさぎ》と　狐《きつに》と　言《こと》を交《か》はして　朝《あした》には　野山《ぬやま》に遊《あそ》び　夕《ゆふ》べには　林《はやし》に帰《かへ》り　かくしつつ　年《とし》の経《へ》ぬれば　久方《ひさかた》の　天《あめ》の命《みこと》の　聞《き》こし召《め》し　偽《いつは》り真《まこと》　知《し》らさむと　旅人《たびと》となりて　あしひきの　山行《やまゆ》き野行《のゆ》き　なづみ行《ゆ》き　食《を》し物《もの》あらば　給《たま》へとて　尾花《をばな》折《を》り伏《ふ》せ　憩《いこ》ひにし　猿《まし》は林《はやし》の上枝《ほつえ》ゆ　木《こ》の実《み》を摘《つ》みて　参《まゐ》らせり　狐《きつに》は簗《やな》の　辺《あた》りより　魚《いほ》を銜《くは》へて　来《き》たりたり　兎《おさぎ》は野《ぬ》べを　走《はし》れども

何《なに》も獲《え》せずて　ありければ　汝《いまし》は心《こころ》　許無《もとな》しと　戒《いまし》めければ　儚《はかな》しや　兎輩《おさぎうから》を　誑《たば》くらく　猿《まし》は柴《しば》を　刈《か》りて来《こ》よ　狐《きつに》はそれを　焚《た》きて給《た》べ　任《まけ》のまにまに　なしければ　炎《ほのほ》に投《な》げて　仮借《あたら》身を　旅人《たびと》の贄《にへ》と　なしにけり　旅人《たびと》はそれを　見るからに　萎《しな》ひうらぶれ　臥転《こいまろ》び　天《あめ》を仰《あふ》ぎて　よよと泣《な》き　土《つち》に倒《たふ》れて　ややありて　土打《つちう》ち叩《たた》き　申《まを》すらく　汝三人《いましみたり》の　友達《ともだち》に　優《まさ》り劣《おと》りを　言《い》わねども　吾《あれ》は兎《おさぎ》を　愛《めぐ》しとて　元《もと》の姿《すがた》に　身をなして　骸《から》を抱《かか》へて　久方《ひさかた》の　天《あま》つみ空《そら》を　掻《か》き分《わ》けて　月《つき》の宮《みや》にぞ　葬《はふ》りける　しかしよりして　栂《つが》の木《き》の　いや継《つ》ぎ継《つ》ぎに　語《かた》り継《つ》ぎ　言《い》ひ継《つ》ぎ来《き》たり　久方《ひさかた》の　月《つき》の兎《おさぎ》と　言《い》ふ事《こと》は　それが元《もと》にて　ありけりと　聞《き》く吾《われ》さへに　白妙《しろたへ》の　衣《ころも》の袖《そで》は　徹《とを》りて濡《ぬ》れぬ

註記

この歌を始めて目にしたのは、加藤僖一氏著「良寛と貞心尼」による「蓮の露」の復刻版でした。それには、貞心尼の墨蹟と、それを活字体にし、仮名漢字にルビを振った釈文が付いていました。墨蹟を読むのは難しいのですが、釈文が付いて助かりました。しかし、この釈文を読んでも簡単には歌の意味は分かりませんでした。そこで、当時手にしていた吉野秀雄氏の著「良寛　歌と生涯」等を参考にして「蓮の露」全文を現代仮名漢字に変換した冊子を作り、始めて歌の意味が理解出来るようになりまた。例えば、釈文「末《ま》しと　き川尓登《つにと》　お散《さ》ぎ東《と》」は「猿《まし》と狐《きつに》と兎《おさぎ》と」ということが冊子を作って初めて分かりました。

さて、この歌にも耳慣れない句が幾つか詠われていますので整理をしてみます。

先ず、詠い出しは「万葉集　巻五」八〇〇の長歌にある「…天雲《あまぐも》の　向伏《むかふ》す極《きは》み　谷蟆《たにぐく》の　さ渡る極《きは》み…」の句を引用しています。そして、谷蟆《たにぐく》の蟆はひき蛙のことですが、次の句に掛かる枕詞でしょう。

誑《たば》くらく＝「謀《たばか》る」「欺く」「誑《たぶら》かす」「惑わす」などの意味です。

任《まけ》のまにまに＝「万葉集　巻二十」四四〇八に、「大君の　任《まけ》のまにまに　島守《しまもり》に・・」で始まるの長歌があり、「御任命に従って」という目上の人から降された言葉の意味ですが、ここでは、「頼まれた通りに」という同類からの言葉に使われています。

仮借身《あたら》を＝「惜しむべき身を」の意味です。

臥転《こいまろ》び＝「倒れ転げる」「悶《もだ》え転げる」の意味です。

愛《めぐ》し＝「愛《いとお》しい」「可哀《かわい》そう」「労《いたわ》しい」の意味です。

栂《つが》の木《き》の＝下の句「いや継《つ》ぎ継《つ》ぎに」の枕詞です。

長歌「月の兎」は類歌の遺墨が数点あり、良寛が晩年には物語作家としても大成していたことが窺えます。

以上、良寛が晩年に編んだ長歌の歌巻を鑑賞しましたが、自然賛歌、人生観、人情物語、仏法歌、等々と詠まれた世界の広さに驚嘆させられます。そして、何れの作品も韻律が整っていて、日本文学の最高峰が堪能できます。良寛は曹洞宗で仏道を究めた禅僧であることには違いませんが、その極意を踏まえて詠み出された歌は、是非の領域を超越した、在りのままの世界が彷彿されています。

良寛は、和歌を心に抱いた想い述べる術として、それを詠い残すことは弘法に適うと考えていたと思います。しかし、最晩年には、そのような想いにも捉われず、只、日本人が古来築いた和歌の道を踏まえた上で、和歌によって表現出来る和みの世界を極めるべく、自身の生き様を堪能したように思われます。ですから、良寛の作品に触れることで、その人も心は癒やされて生きていることの喜びが深められます。

良寛さん有難うございました。

◯良寛関連の著述目録
◯参考資料
◯参考文献

良寛関連の著述目録

総論

良寛探訪記録
良寛の実像を求めて
良寛の風光
良寛の芸術

良寛の仏法

良寛の「法華讃」を読む
良寛の「法華転」を読む
良寛「法華賛」の考察
良寛の「法華賛」
良寛の法華冊子
大智偈頌の良寛語釈を読む
良寛の「唱導詞」に仏教史を学ぶ
良寛「髑髏図賛」の鑑賞
良寛「維摩讃」の考察
良寛書「勧受食文」を読む
良寛遺墨「佛説遺教云」に学ぶ

良寛の漢詩

良寛の詩を楽しむ
良寛の詩集を読む
良寛と寒山について

良寛の和歌

良寛自筆歌集の鑑賞
兄弟和歌巻

良寛の交友

大忍魯仙のこと
良寛と左一の交友について
良寛と定珍の唱和歌

参考資料

良寛の「論語」抄録　良寛の万葉短歌抄「あ起乃ゝ」　易しく説いた「信心銘」　良寛と読む「証道歌」
道元「正法眼蔵現成公案」を訳す　良寛の法華説法　大忍著「無礙集」を読む　記紀歌謡　古事記、日本書紀の歌謡集
良寛の仮名字母　良寛年譜

参考文献

『良寛・法華轉』　鐵齋・投荒餘韻　昭和四十四年五月十日発行　（株）求龍堂
『牧江本　復刻・釈文』　牧江靖斎筆『良寛尊者詩集』　二〇〇二年八月一日発行　（株）考古堂書店
『良寛和尚筆　布留散東』　昭和三十年二月五日発行　七條憲三
『良寛自歌帖　久賀美』　昭和四十八年二月二十日発行　中央公論美術出版
『木村家伝来　良寛墨宝』　二〇〇五年四月三〇日二刷発行　（株）二玄社

あとがき

この度、一介の良寛敬慕者である私の著書が多くの良寛に関わる先人のお目に触れる機会が得られ、望外の喜びです。これには、玉島「良寛会館」の代表役員・高橋英夫様のご支援、ご鞭撻を賜りました事に、また、「書肆亥工房」社主・石井省三様に、企画、編集、出版に亘り、適切なるご助言、ご指導を賜わりました事に、深く感謝いたします。

平成三十一年三月十五日

本間　勲

《著者略歴》

本間　勲（ほんま　いさむ）

・昭和十五年、新潟県見附市に生まれる
・最終学歴、日本大学理工学部
・茨城県の大手企業で産業機械等の設計業務に携わる
・良寛との出逢いは、五十歳の時、良寛を語る著書を読んだことに始まる
・五十六歳で早期退社、以降、良寛探訪に専心
・六十二歳、考古堂書店より「良寛の『法華讃』を読む」を上梓
・六十七歳、良寛生誕の地、出雲崎町に移住
・三年後の平成二十二年四月、財団法人良寛記念館の事務局長に就任
・平成二十四年の財団法人解散による良寛記念館の出雲崎町への譲渡に伴い、同館の館長を勤める
・平成二十九年四月、岡山県倉敷市玉島の良寛会館名誉館長に就任
・平成三十年三月、良寛記念館を退職

良寛の実像　私の「良寛著述」からの珠玉集

二〇一九年三月二十八日　初版発行

著　者　本間　勲
発行者　石井省三
発行所　書肆亥工房
岡山事務所：岡山県岡山市北区丸の内一-一-十五
〒700-0823
倉敷事務所：岡山県倉敷市児島小川九-三-十七
〒711-0911
電話総代表〇八六-二二五-三二七〇
Email：ishigai@snow.plala.or.jp
http//genngo.jimdo.com
編　集　石井編集事務所書肆亥工房
印刷所　株式会社二鶴堂

 ISBN978-4-915076-53-4 C0095
定価は表紙に表示しています。落丁・乱丁本は送料小社負担にてお取り替え致します。